別冊 マネジメント基本全集
The Basics of Management

経営の学び方

マネジメントの学習と研究法

根本 孝・上村 和申 著

学文社

はしがき

　本書は経営・会計の基本を体系的に学ぶための"わかり易いテキスト"を目指して編纂・執筆している『マネジメント基本全集』全15巻の別冊である．タイトルのとおり「経営の学び方」のガイドブックであり，「今，経営学が面白い」といわれる中で，経営学やマネジメントをより楽しく学ぶ，いわゆる"楽習法"のヒント集，実践マニュアルを目指している．経営学を学ぶ大学生を中心に編纂しているが，大学院生向け，さらにはマネジメントを学ぶ若いビジネス・パーソンの方々にも活用できよう．

　大学等で学ぶべき最も重要なことは「わからないことをどのようにすれば理解できるようになるのか」「自分の意思をどのように他者につたえ，他者の意見や感情をどうすれば深く理解できるのか」「どのような対話，討論をすれば，新たな考え，新たなアイデア，案を共に創りあげることができるのか」「解決すべき課題をどのように見出し，どのように解決するのか」を身につけることであろう．すなわち大学での学習は単なる知識の獲得ではなく，学習法や問題解決発見や問題解決法を学ぶことであり，コミュニケーション能力の向上ということができよう．すなわち本書は経営・マネジメントそのものの学び方や楽しみ方，その学習のプロセスを通じて，コミュニケーション能力や問題解決能力の向上を図る基本ガイドブックである．全15巻のどの巻を学ぶ上でも補助的ガイドとして活用して頂くことを意図して別冊とした．

　そこで第Ⅰ部「経営を楽しく学ぶ」では「マネジメントの楽習法」（第1章）と「経営学の学び方」（第2章）の基本を解説している．そして第Ⅱ部は「聴く，メモる，話す」として毎日行われているコミュニケーションの再シェックに活用してほしい．具体的には第3章「聴き方，話し方，会議の仕方」，第4章「メモ・ノートの方法」である．

　さらに第Ⅲ部「情報検索と調査・分析」は情報収集と分析法に焦点をあて，第5章「情報検索の方法」，第6章「調査法」，第7章「データの読み方・分析

はしがき

法」を実践的に紹介している．

　第Ⅳ部「レポート，論文，プレゼンテーション」では，まず自らの「研究の進め方とレポートと論文」（第8章）作成のステップを解説し，つづいて「論文作法」（第9章）と「プレゼンテーションとビジュアル化」（第10章）の技法を紹介している．

　さらに第Ⅴ部「考え方，問題解決法」では学習の基盤であり，成果でもあるものの見方や考え方，そして問題解決の基本とプロセスを第11章「考え方と問題解決」で考察し，第12章「問題解決手法」では具体的なさまざまな問題解決の技法を紹介している．

　学生のほとんどは学習の方法を正式に学んではいないであろう．すなわち現在の学習方法は自己流ということになる．もちろん最終的には自分にあった学習を自ら創り上げることが重要である．

　現代は学習を支援するツールもIT技術の発展で大きく変化してきている．あらためて自らの学習法を本書を足がかりにチェックしてみてほしい．そしてこのガイドブックを自分流の学習法にあうように修正を加え，有効で楽しく学べる方法を創りあげていただければ幸いである．

　なお，本書の刊行をお引き受け頂き，きめ細かな編集校正を進めていただいた学文社の田中千津子社長をはじめスタッフの皆様に心から謝意を表したい．

2006年春

根本　　孝
上村　和伸

目次

第Ⅰ部 経営を楽しく学ぶ

第1章 マネジメントの楽習法 …………………………… 3
1. 今，企業経営が面白い　3
2. どの視点・レベルで企業経営をみるか　6
3. "楽習力"の開発　8
4. メディアミックスによる学習　10
5. 教えあい・学びあう　14

第2章 経営学の学び方 …………………………………… 19
1. 応用・実践科学としてのマネジメント　19
2. マネジメントを通して学ぶもの　23

第Ⅱ部 聴く，メモる，話す

第3章 聴き方，話し方，会議の仕方 ………………… 31
1. コミュニケーションの基本　31
2. 聴き方の基本　33
3. 話し方の基本　37
4. 会議の基本　40
5. 進行役の役割　42

第4章 メモ・ノートの方法 ……………………………… 48
1. メモ・ノートの重要性　48
2. メモ・ノートの方法論　50
3. 読書メモ・ノート　54
4. 授業ノート　58

目次

第Ⅲ部　情報検索と調査・分析

第5章　情報検索の方法　…………………………………… 65
　1．情報検索とは　65
　2．データベースの活用　67
　3．サーチエンジンの活用　72

第6章　調査法　…………………………………………… 79
　1．アンケート調査の概念　79
　2．調査票の作成方法　83
　3．サンプリング　91

第7章　データの読み方・分析法　………………………… 98
　1．データの集計方法　98
　2．データのグラフ化　100
　3．データ分析の方法　103

第Ⅳ部　レポート，論文，プレゼンテーション

第8章　研究の進め方とレポートと論文　………………… 115
　1．調査研究成果物　115
　2．論文とは何か　121

第9章　論文作法　………………………………………… 130
　1．論文に必要な7要素　130
　2．論文の書き方　135

第10章　プレゼンテーションとビジュアル化（図解技法）………… 147
　1．理解・納得こそプレゼンテーションの目的　147
　2．プレゼンテーション技術　148
　3．レジュメの作成法　151
　4．パワーポイントの活用　154

5. ビジュアル化（図解化）　156

第Ⅴ部　考え方，問題解決法

第11章　考え方と問題解決 ･････････････････････････････････　169
 1. ものの見方，考え方　169
 2. ロジカル・シンキングとクリティカル・シンキング　172
 3. 問題解決，問題発見　177

第12章　問題解決手法 ･･････････････････････････････････････　185
 1. 2つの問題解決手法　185
 2. 計画手法　188
 3. 2つのブレインワークとフットワーク　191

索引 ･･　195

第 I 部
経営を楽しく学ぶ

- 第 I 部 経営を楽しく学ぶ
  - 第1章 マネジメントの楽習法
  - 第2章 経営学の学び方

- 第 II 部 聴く，メモる，話す
- 第 III 部 情報検索と調査・分析
- 第 IV 部 レポート・論文・プレゼンテーション
- 第 V 部 考え方，問題解決法

経営の学び方

第1章の要約

　第1章のマネジメントを楽しく学ぶでは，第1に，文字通りマネジメントそして経営学を楽しむ学び方を検討する．グローバル競争時代の現在は，日々，国際政治経済環境が激変し，ライバル企業の戦略も変化を続けている．そして，新たな企業経営の変革が新聞，テレビを賑わし，興味深いニュースが世界を駆け巡っている．そうした中で，経営を知ること，学ぶことは社会を，そして世界を理解するうえでますます重要になり，かつ面白くなってきている．まずは，どのように面白いのかを検討しよう．

　第2は，企業経営といっても資本家としてみるか，経営・管理者としてとらえるのか，従業員，消費者，市民の視点から見るのかの多元的理解の視点を考えよう．

　そして第3は，楽しく学ぶ方法を考察する．まずは好奇心の高め方，そして授業のみならず新聞，テレビ，小説などさまざまなメディアを活用して学び，友人と教えあい，そして深い対話をすることが楽しく学ぶうえでポイントであることを考察する．

第1章　マネジメントの"楽習法"

Ⅰ. 今，企業経営が面白い

　今日，企業とそのマネジメントは大きく変化している．ホリエモンことライブドア堀江社長が日本放送を買収しフジテレビジョンの経営支配を目指して敵対的買収を進めたことは記憶に新しいであろう．毎日のTVや新聞がその動向を追い，ポイズンピル（毒薬），ホワイトナイト（白馬の騎手）といった耳慣れないM&Aに関連する手法が紹介され，国民の多くが興味津々でニュースを追いかけたのである．しかし70日余りの激闘の末，和解し，がっかりした人も少なくない．しかし企業買収とその防衛策に多くの関心が集まった．そんな国内のニュースが日本人を釘付けにしている中で，アメリカではトヨタやホンダをはじめ日本企業が，アメリカの名門であるゼネラルモーターズやフォード，クライスラーといったビッグスリーの自動車メーカーを圧倒し，苦境に追い込んでいた．そこで日本経団連の奥田会長は，アメリカの自動車メーカーを支援するために日本車の販売価格を上げて，これ以上の摩擦を回避する必要があると発言して波紋を広げたのである．

　こうしたニュースはほんの一例にすぎないが，21世紀初頭の現在，経営環境は激変し，その中で企業経営はめまぐるしい変化を続けてきている．まさに「今，経営が面白い」といわれるゆえんである．その面白い側面を整理すれば以下の4点がとくに際立っているといえよう．

(1) ビジネス・ベンチャリングやM&A（次なるホリエモンは登場するか）

　プロ野球球団に新たに名を上げたのは良く知られているソフトバンクと楽天である．そうした動きを先導したのはライブドアであった．この3社は，いずれも戦後生まれの経営者が率いる，いわゆるIT系の新興企業である．青年社長が新たなビジネス・チャンスを見出し，老練社長が率いる大企業に競争を挑む姿に人びとは，拍手喝采したり，反対に眉をひそめたりが続いている．

企業は「永久革命組織」であるともいわれ，常に変革を続けることが必要とされている．とくに21世紀の今，多くの産業・企業が成熟期を向かえ，それが不況を長引かせており，新たな企業の登場，すなわち新企業の起業が求められ，期待されているのである．また，さらなる成長のための企業買収や合併（M&A）がその数を拡大してきている．とくにバブル不況以来の景気低迷の中で，日本企業の総資産額はアメリカ企業と比較しきわめて低く，投資家にとっては極めて安い買い物ができる状況になっており，アメリカ系の投資会社はハゲタカ・ファンドとよばれるように，上空からハゲタカのように美味しい餌を狙いさだめて買収してくると，恐れられているのである．いずれにせよ，起業そしてM&Aなどによる企業統合などが活発化し，その動向はきわめて興味深いのである．

(2) グローバル競争の大波（世界の市場へと変化する中国ビジネスはどうなるか）

今やグローバル経済，グローバル企業の時代であることは説明を要しないであろう．カネもモノもジョウホウも，さらにはヒトも国境を越え，ボーダーレスすなわち国境が消えたともいわれている．なかでも年率9%を超える経済成長を続ける中国はアメリカを超え，日本の最大の貿易相手国となった．すでに日本企業も2万社余りが拠点を設置し，ビジネスを展開している．工場のみならずセブン・イレブンやファミリーマートなどのコンビニエンスストアさらには日本料理店も多店舗展開が進んできている．

そうした中で日本の国連常任理事国入りや尖閣諸島などの領有権問題で若者の間に反日運動が起こり，大使館や領事館をはじめ，日本企業や店舗が投石などで大きな被害を受けた事件は最近のニュースのひとつである．

グローバル競争がますます激しくなる中で，いかに現地の人びとや地域に溶け込みインサイダー化できるか，そしてローカル化，すなわち現地化できるかは大きな経営課題であり続けている．グローバル化と同時にローカル化の同時達成が求められ，最近では，その合成語である「グローカル経営」も注目を集

めている．経営が面白い，もうひとつの焦点である．

(3) バイオやナノテクの新技術革新（つぎのリーダー企業は）

　今やIT社会も，いつでもどこでもコンピューティングが可能なユビキタス社会に突入している．技術進歩は日進月歩どころか"秒進分歩"の時代といわれている．とくに次世代技術としてはバイオ技術やナノテクノロジーなどが注目されている．そうした新技術の登場は，当然，その技術を活用し，いち早く製品化した企業が大きく成長し，次世代のリーダー企業に踊りでることになる．戦後，電器産業そして自動車産業，さらにIT産業の企業が時代の寵児となってきている．企業寿命30年説が一般に信じられてきている．売上高や利益ランキングさらには就職の人気企業ランキングでトップを占める企業は30年もすると大幅に入れ替わってきているのである．

　今や成熟産業社会そして新たな技術革命の時代，リーダー企業が交代する時代に入り，どのような企業がトップになるかが注目される面白い時を迎えている．

(4) 人口減少・少子高齢化の社会革命（どんなマネジメントが成功するか）

　市場でリーダーシップを握るのは新たな技術革新そして新製品化に成功した企業とは限らない．その製品が，市場・消費者の顕在・潜在ニーズにフィットして初めて人気製品となり，市場の需要が急速に拡大することはいうまでもない．

　今，日本は飽食の時代，精神的豊かさを求める時代に入り，さらに少子高齢社会といわれている．それは"少産多死"社会であり，人口減少社会でもある．2050年には日本の人口は江戸時代と同じ，1億人を割ると推測されている．それは国内消費者の絶対数の減少，同時に労働人口の減少，高齢化を意味する．企業は若年層中心から高齢者，女性の一層の活用，嘱託・契約社員，パートタイマー・臨時社員といった非正社員や，外国人労働者を含む多様な労働力をい

かに活用し，モチベーションを向上させ，求心力を高めるマネジメントのあり方が問われることになる．マネジメントのあり方が労働者の企業への貢献を高め，好業績に結びつくのか，まさにマネジメント競争の時代を迎えつつある．

2. どの視点・レベルで企業経営をみるか

(1) どの利害関係者の立場でみるか

「今，企業経営が面白い」ということで，時代変化との関連でみてきたが，より詳細に考えると，企業経営を誰の視点からみるかによって，その面白さは異なるのである．すなわち，消費者の立場や視点で企業経営をみるか，株主の立場・視点で考えるかによって，その面白さは異なるし，逆転することはいうまでもない．消費者にとっては，有益で生活を潤す製品を提供し，しかも製品価格ができるだけ安く，アフターサービスが充実していることが第1に重要となる．一方，株主にとっては，株価が上昇しつづけ，出来る限り配当が高く，株主優待が充実していることが重要であり，両者の期待・望みは相反することになる．

一般に企業経営に直接・間接に関係する者は，消費者，株主の他，従業員，経営者，取引業者，地域社会（市民），行政府などがあり，それらは利害関係者（stakeholders）とよばれている．企業経営は，こうしたさまざまな利害関係者の期待，望み，要請に対応しなければならず，それぞれの期待や要請に応えるべく，最適なバランスを探索する必要があるのである．すなわち，企業経営を客観的に観察・評価するさいには，そうした利害関係者の総合的視点，まなざしが求められるのである．

(2) 社会的責任のレベル

企業が大きければ大きいほど利害関係者の数も拡大し，その社会的影響範囲は大きなものとなる．すなわち，大企業ほど社会的影響や期待が大きくなり，社会的責任も増大することになる．それだけに大企業への風当たりが強まるこ

とになり，ともすると「大企業は利益中心主義」とか「大企業は資本家の手先」といわれ，「大企業悪者論」が唱えられることになる．しかし冷静に考えてみると，大企業は消費者・市民にとって有用・高品質な製品・サービスを継続的に安価に提供し続ける努力をしているから売上げも伸び，大企業に成長してきたのである．そして利益をあげ，従業員の賃金を支払っている．さらに利益の中から法人税や所得税を多額に払い，国家・地方行政の収入に貢献し，一法人としての納税責任を果たしている．そうした税引き後の利益から株主配当をし，さらに内部留保し，その後の投資に備えているのである．こうした製品・サービスの生産・提供，利益確保，納税，配当などは企業の当然の役割責任であり，一般的には「職務責任」といわれている．この職務責任は企業にとって当然の，当たり前の役割なのである．しかし現実には利益隠しや，節税のための余計な経費計上さらには赤字による納税回避などを画策する場合もあり注意を要する．

　ところがこの当たり前の「職務責任」は当然，法律に則り，さまざまなルールにしたがって行われることが法治国家ではもとめられている．それが「順法責任」であり，これも企業経営がになうべき当たり前の責任といえよう．今日では，この責任行動がとれない企業が増加し，あらためて「コンプライアンス経営」が求められているのである．

　さらに企業，とりわけ大企業は地球環境・政治・社会・文化的影響への対応が求められてきている．すなわち「対応責任」であり，現在はとくに地球温暖化防止や廃棄物ゼロを目指すリサイクルなど，法制化されたもののみならず，積極的な「環境経営」への対応が要請されてきている．

　そして，企業によるより積極的で主体的なPhilanthropy（博愛・慈善事業）やMecenat（文化支援活動）など「積極的貢献」が期待，要請されているのである．

　これで企業への期待，要請は終わるものではない．より原点・基盤としての道徳的基準，規範による行動が期待されている（ビジネス倫理）．それは地域

図表 1 - 1

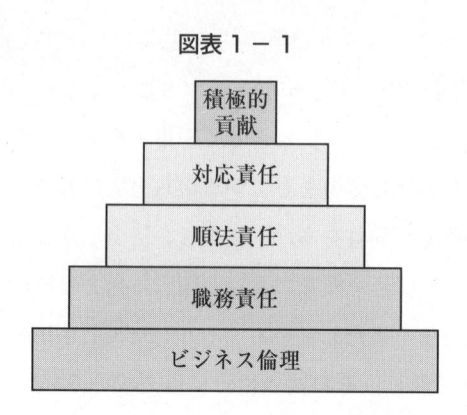

```
        ┌─────────┐
        │ 積極的  │
        │  貢献   │
      ┌─┴─────────┴─┐
      │   対応責任    │
    ┌─┴─────────────┴─┐
    │     順法責任      │
  ┌─┴─────────────────┴─┐
  │      職務責任          │
┌─┴─────────────────────┴─┐
│      ビジネス倫理           │
└─────────────────────────┘
```

による差異とともに，グローバル経営においては進出した国家や地域によっても大きくことなるだけに企業経営にとってはとくに留意しなければならない（図表1-1参照）．

　こうした5つのレベルの社会的責任を意識しつつ，客観的な企業経営を観察・評価することが必要である．それは，良い企業，悪い企業とか，あるいは勝ち組企業，負け組企業といった単純な二分法による観察・評価から脱皮し，より深みのある，客観的で面白い企業経営の観察・評価のための視点である．

3. "楽習力"の開発

(1) 楽習力とは

　学習とはまさに変革であり，主体的な自己変革，成長を楽しむことに他ならない．教育概念から学習・ラーニングへのコンセプトの転換の基底にあるのは詰め込み，教え込み教育ではない，自ら学び，共に創る主体的な変革であり，学習に積極的にコミットメントし，学習を楽しむことである．能動的・積極的行動であり，行動自体を楽しむ，エキサイティングな活動である．しかもIT技術の支援により，より広範で，より深い学習が可能になり，それは個人学習とともに仲間との共同，協調学習をも容易にさせてくれる．そのプロセスでの楽しい会話，深い対話，そして多様な人びと，異質な知識や知恵，未知のアイ

デアとの遭遇は，一層新たな発見とともに相互刺激によるコラボレーションを促進してくれるものとなろう．そうした中での出会い，ふれあい，そして知恵の交差の楽しみ，喜びを再発見することが改めて，求められているのではないだろうか．

　自己成長を喜びとし，また同僚の成長を喜び，あらたな発見，新たな知との出会いを楽しむ，そうした力，すなわち"楽習力"の開発を目指したいものである．

　日本でもファンの多い建築家であり情報デザイナーともよべるリチャード・ワーマンは「学習とは何が面白いかに気づくこと」（Wurman, R. S., 1989）を強調している．

(2) 好奇心を高める

　前述の"楽習力"は突飛な概念かもしれないが，すでにマーケティング・コンサルタントの谷口正和は1997年に『楽習の市場』という著書を世に問うている．「21世紀は一言でいえば"生まれ変わり"の時代である．生まれ変わるために我々は"学び直す"のである．学び直すこと，それは自らを主人公とし，自分が理想とする生き方に対して自発的にライフスタイルを再編することだ」（谷口，1997：1）とその書をスタートさせている．さらに「"楽習"とは自己興味を持ち，人生を楽しみの天国にしようという行為である．学ぶこと，習うことが楽しみそのものになる．その成果が自己成長を促し，行動を活発にし，仲間を増やし，時間のすごし方を充実させる」（谷口，1997：2）のである．

　アカデミズムでは自己学習力，自己教育力が注目されているが（北尾，1994），楽習力にしろ自己学習力にしろ，その基盤的要素が好奇心（curiosity）にあることは共通しており，好奇心を維持，拡充することが楽習を継続させる原点のようである．しかしながらこの"好奇心"は何であり，どのようにすれば高められるかは未だ解明されていない．唯一，波多野ら（波多野・稲垣，1973）の『知的好奇心』が，それに挑戦している．それは子どもの知的好奇心を主要な

テーマにしているが，それによれば，知的好奇心は，はっきりした方向をもたず情報への飢えから生ずる「拡散的好奇心」と，知識が不十分であると思った時にそれを埋めようとする「特殊的好奇心」の2つに区分されるという．そして知的好奇心を引き起こすためには①子どもの信念や先入観に反する現象を示し，驚かせること，②足がかりになる知識を与え，次々にそれに当てはまる事例を示す，③既存の知識のズレに気づかせる，ことを指摘している．これをヒントに大人が好奇心を維持し，拡充させるためには何がいえるのだろうか．まずは，驚いたり，既存の知識にづれを感じられる刺激的な場，機会をもつことであろう．歳を重ねるに従い，慣れた場，親しみのある日常的な場や機会への参加を求める．しかし時には刺激的な，未経験な場に入ることが重要となろう．そして第2は，質問される機会を多くもつことである．質問は既存の知識では回答できないことをもつきっかけとなる．素朴な質問，素人の質問，子どもの質問は新たな探求の課題を与えてくれ，それは好奇心を刺激することになろう．そして第3は，自己の興味・関心のテーマをもつことである．すなわち「特殊好奇心」を高めることに関連するが，関心テーマをもつことは，そのアンテナによって多くの情報や，現象が，そのアンテナに引っかかり，既存の知識とのズレ，回答不能状況が生じ，それは「特殊好奇心」を刺激することになる．

そして「興味があること」と「興味をもたなければならないこと」を区分し，本当に何に興味をもっているかを知り，そのいくつかの興味のつながりを強化すれば，好奇心を引き出すことができるといわれている（Wurman, 1989）．

4. メディアミックスによる学習

読者の多くは経営学部に所属していたり，あるいはその他の学部に所属していても，何かをきっかけに，企業経営や経営学に関心をもち，また好奇心を高めビジネスやマネジメントを学ぼうと思って本書を手にとったのだろう．そうした関心や好奇心をより高めながら学習するにはさまざまな情報源や媒体を多

重に活用することが第一であり，ここではそれをメディアミックスと総括して検討することにしたい．

（1）授業（教科書）・経営辞典・入門書・専門書のミックス

多くの学生は授業に参加し，まずビジネス，経営を学ぶことを試みる．しかし不幸にして担当の教授の授業内容がつまらなかったり，むずかしい言葉や英語の用語ばかりが使われ，ついていけないと感じているかもしれない．それは教える側にも問題がある場合も少なくない．しかし最近の大学生の多くは小遣いの都合上，授業の最初に教科書を買わずに，試験直前に購入するケースが実に多い．これではむずかしいと感じる授業はますます，ついていけなくなる．むずかしいと感じる授業ほど，その前後に教科書で補うことが必要となる．しかしながら教科書として指定の図書が，専門論文集であったり，きわめて限られたテーマの専門書をつかうため，高額を支払ったにも拘わらず，チンプンカンプンで一層やる気を失ってしまう場合もあろう．そうした場合には是非，入門書を手に入れるか，図書館で借り入れることが授業を面白くする第一歩である．最近は図表の多い「易しい経営入門」とか「〇〇でも分かる経営学」といった非常にわかりやすい解説・入門書が出版されている（AERA MOOK,

図表1－2 叙述形式の諸類型と特徴

	学術論文（研究論文）	レポート	雑誌寄稿文（提言）	小論文	入門書啓蒙書	教科書
目的	学術研究の成果を論じたもの	調査・分析結果をまとめたもの	研究成果や課題についての提言	自分の見方・考え方を述べたもの	わかり易く解説したもの	基本課題を体系的に解説
テーマ設定の基本	自主テーマ	課題テーマ自主テーマ	課題テーマ自主テーマ	課題テーマ自主テーマ	基本課題時代的	体系的網羅的
重点	客観性厳密性独自性	客観性分析性	客観性提言	客観性主観性	容易性説得性	体系性客観性
長さ	長・中	中・短	中	短	中	中

2005).さらに企業の各部門の仕事を紹介した本も経営を理解する上では有効であろう(角尾,2003).それに加えて経営や経営学の辞典を一冊手元に置くと,鬼に金棒である.そうした出費を惜しんではせっかく興味をもった経営学も,「むずかしい」はいつしか「わからない」ものとなり,そして「つまらない」となり,学ぶ意欲を失ってしまうことになってしまう.

　授業・教科書そして入門書,経営辞典をメディアミックスし,さらに興味が深まったテーマについては専門書に挑戦して,より理解を深めたり,実務書によって具体的手法や,実践方法を学ぶのも面白い.

(2) 新聞・TV・雑誌・企業小説のミックス

　さらに学びを深め,具体的事例・事実と結びつけて理解をするための強力な媒体は新聞やTVのニュースなどの情報である.具体的会社名や映像が加えられれば,理解は深まるばかりでなく,一層好奇心がくすぐられることになる.授業で学んだ概念は一層内実を含めて理解することが可能となり,さらには記憶するのではなく,事実と関連づけて自分の言葉で,その概念や関連性を理解することが可能となる.

　さらに経済・経営の週刊誌や月刊誌あるいは学会誌などの専門誌と連結すればひとつのテーマはより深い理解のみならず,現状における問題点や課題,さらに問題解決のための必要な研究課題などが浮かびあがってくる.経営・経営学を学ぶにしろ,こうした新聞・TV・雑誌などとのメディアミックスは欠かせない楽しく学ぶための方法である.人気番組となったNHKの「プロジェクトX」や教育テレビの「ガイアの夜明け」なども理解を深めるうえでとくに面白い.

　さらに小説好きな人にとっては企業小説も欠かせない教材といえよう(中島,1979;田尾,1996).今流にいえばエンターテインメントとエデュケーションの合成語エデュメントであり,楽しみながら学ぶメディアとしては最適であろう.国際金融から企業買収,グローバル経営からリーダーシップや人事管理などさ

まざまなテーマの企業小説が出版されている．業界の仕組みや取引のメカニズム，組織内の人間関係やプロジェクトチームのあり方など，現実の会社生活が未経験な学生にとってはリアルに近い現実描写がなされ，疑似体験する格好の教材といえよう．さらにはビジネス・マンガも見逃せない（根本, 1989）．関心のあるテーマを業界などから選択したものを入門書として活用し，さらには課題を絞り込んで読めば事例研究のテキストとしても大いに活用できる．

(3) 聞く・見る・メモる・話すのミックス

　聞く・見る・読むというどちらかというと受身の学習をさらに積極的・能動的な学習に連結すると一層面白さは倍増する．能動的学習の第一歩は授業にしろTVにしろメモをとることである．自分で面白いと感じたり，重要と思うことをノートやカードにメモしたり，最近ではパソコンにメモする人もいるだろう．手を使うと理解は促進され，自ら考えるキッカッケとなる．その詳細については後に検討するので，そこに譲るが，メモの習慣化こそ学ぶことを面白くするスタートといえよう．

　さらに，わかったこと，わからなかったこと，疑問に思ったことなどを友人や，誰かに話すことがさらに学習を深める．疑問点を口に出したりすれば，そ

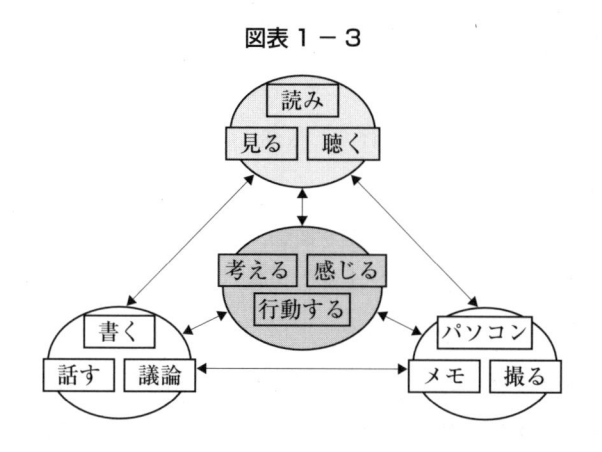

図表1-3

（図：「読み／見る／聴く」「考える／感じる／行動する」「書く／話す／議論」「パソコン／メモ／撮る」の四つの円が相互に矢印で結ばれている）

れだけでも頭の整理になる．友人がヒントを与えてくれれば，それは理解を深めるきっかけになり，また友人に質問され，それに答え，教えることで自分自身も，理解が整理され，場合によっては良くわかっていることと，まだ曖昧な理解しかできていないことが明確となり，次の好奇心に結びつくことになる，そうした経験をした人は少なくなかろう．

聞くのみでなく，大いに見る，メモる，そして話すのメディアミックスによって面白く学ぶ習慣をつけたいものである．

5. 教えあい・学びあう

(1) 協調学習とは

前述した話すことはまさに教えることであり，また教えることで，自らさらに学ぶことを述べた．大学等における学習は個人で学ぶことが重要であり，中心であると思われがちであるが，同じことを学ぶ友人の存在，その友人との教えあい，学びあいこそが大学や学校で学ぶことの最大の武器であり，優位性なのである．最近注目されているネットワークとPCを使って学習する遠隔教育はe-ラーニングとよばれているが，それにおいても2人以上で協調して学習する協調学習が重視されている．それは「2人以上の人が力を合わせる」共同，「ともに心と力を合わせて助け合って仕事をする」協同（Cooperation），「協力して働く」協働（Collaboration），「利害の対立する者同士がおだやかに相互間の問題解決をしようとする」協調（Cooperation），さらに最近では，「協力して創造的問題解決や新たな創造を行う」共創（Collaboration）などの用語が使われている．

協調学習は，他者との積極的な相互関係，対面的交流や情緒も含む相互作用によって人間関係や信頼関係が深まり，理解だけにとどまらずさらには創造が促進されるといわれている．

すなわち，協調学習のプロセスでの相互作用は知識の伝達のみならず，異質な知識，考え方，態度に触れることで自らの考え方への自省を促し，あるいは

態度の変容をももたらすのである．さらに相互作用によってコミュニケーション能力の学習にも役立つともいわれている．

(2) 深い対話

　コミュニケーションは一般に伝達，意思疎通といわれるが，さらに語源のラテン語までさかのぼると「共有する」「分かち合う」ことを意味するといわれている．一層多忙な職場となり，スピーディーな課題解決が求められる一方，専門用語の増大，世代間の言葉ギャップの拡大する今日，われわれの日常は言葉の表面的な伝達，受容が中心となり，相互理解，共感的理解，分かち合いは困難度を高めているのではないだろうか．すなわち，日常的に対話を行っているつもりでいるが，どれだけ共通認識，共感をもたらす対話を実現しているだろうか．学習も，創造も，その原点には対話があるといわれている．それは他者との知的ずれが知的刺激を高め，また共感により知識共有や情緒共有をもたらすからに他ならない．ナレッジ・マネジメントの時代それは対話の重要性の再認識と再構築の時代でもある．

　"議論""討議"は意見の一致により結論を導くために行われる．それは相手の説得により可能になり，公式会議，ミーティングは討議し，議論し，意見の一致の方向への行動を目指すことになる．しかし対話は，他者との違いの認識であり，納得による情緒の共有にあるといわれている（伊藤，1985）．その結果，相互理解がなされ，双方の違いを基盤にした問題解決，創造へのスタートが切られることになるのである．

　さらにそうした対話には，形式知である言葉の微妙な抑揚と同時にさまざまに表現される顔や手の動きといったボディランゲージも欠かせない．視覚的な言語，視覚的な思考も含むフェイス・ツー・フェイスの対話であり，知の交流であることも見逃せない．

　エルンハイムは，「純粋に言葉の上だけの思考は，思慮の足りない見本である．つまり，すでにある蓄えから引き出した関係に自動的に頼るということだ．

これは便利だが，不毛である．言葉に閉じられた思考では，言語は思考にとって価値あるものとはなりえない．視覚的イメージのようなもっと適切なメディアにおいて作用するときに，言葉は思考の助けとなるに違いない」(Schrage, 邦訳，1992：165) と視覚的イメージ，視覚的言語の重要性を指摘している．創造には図形的造形的表現，方法が欠かせないのである．

共感的対話，形式知を超えた視覚的，図形的言語も交えた対話こそが深い対話であり，それを可能にする場や機会を開発することこそがe-コミュニティの原点であり，基盤である．

演・習・問・題

問1　今，あなたが面白いと感じている経営に関するテーマはどんなことですか．1つ挙げてください．
問2　上で挙げたテーマについて，メディア・ミックスで情報収集し，その概要をメモしてください．
問3　あとでメモした内容を友人に話してください．

参考文献

AERA MOOK (2005)『新版・経営学がわかる』朝日新聞社
Schrage (1990) Shared Minds：The New Technologies of Collaboration.（瀬谷重信訳『マインドネットワーク：独創力から協創力の時代へ』プレジデント社，1992年）
Wurman, R. S. (1989) *Information Anxiety*, Doubleday.（金井哲夫訳『それは情報ではない』MdN，20001年）
稲垣佳世子・波多野誼余夫 (1989)『人はいかに学ぶか』中央公論社
伊藤友宣 (1985)『家庭のなかの対話』中央公論社
北尾倫彦 (1994)『自己教育の心理学』有斐閣
中島誠 (1979)『企業小説とは何か』日本工業新聞社
根本孝 (1989)『コンパチブル世代が会社を変え始めた』HBJ出版局
斎藤孝 (2001)『できる人はどこがちがうのか』筑摩書房
谷口正和 (1997)『楽習の市場』日本コンサルタントグループ

田尾雅夫（1996）『企業小説に学ぶ組織論入門』有斐閣

―――《推薦図書》―――

1. 田中共子（2003）『よくわかる学びの技法』ミネルヴァ書房
   大学での学び方から卒論研究までの基本を総合的に解説．
2. 北尾謙治ほか（2005）『広げる知の世界：大学での学びのレッスン』ひつじ書房
   大学の魅力，テストの準備の仕方も解説した総合的学習ガイド．
3. 江藤茂博・鷲田小弥太（2005）『これ1冊でわかる大学活用術』松柏社
   入学から就職・進学までの総合的大学生活ガイドブック．
4. 波多野誼余夫・稲垣佳世子（1973）『知的好奇心』中央公論社
   知的好奇心をわかりやすく分析したロングセラー．
5. 日本経済新聞社編（1995）『日本経済新聞の活用法』日本経済新聞社
   日本経済新聞の読み方・話し方をやさしく解説．
6. 佐藤公治（1999）『対応の中の学びと成長』金子書房
   教えることと学ぶことの関係などを理論的に解説した専門書．

第2章の要約

　経営学を学ぶには，研究・開発そして調達・購買，生産，販売といったように機能別に深めていくのが一般的であるが，それと同時に，製造業や金融業，流通業といったように産業別の差異や特徴，さらにはアメリカ型経営，中国型経営，日本型経営といったように国別・地域別の特徴・比較を学ぶことも重要かつ面白い．

　しかし経営学やマネジメントは知識学習だけではない．ゼミナールやサークル活動またアルバイトやインターンシップはマネジメントの実践であり，行動学習のチャンスでもある．すなわち体系的な知識の学習のみならず，先輩の知恵を学び，さらに具体的なスキルも学ぼうとする姿勢が重要であることを明らかにする．

　そして問題発見・問題解決の知識・知恵・スキルを身につける方法を考察する．

第2章　経営学の学び方

1. 応用・実践科学としてのマネジメント

(1) 実践科学とは：普遍主義・中範囲主義・個別主義

　理論や知識は世界中どこでも誰にも当てはまり，通じるとする考え方は普遍主義といわれ，そうした理論は一般理論とかグランド・セオリーなどとよばれている．経済学はその典型であり，それを嫌う学生は少なくなく，彼らは，余りにも抽象的であり，味気なく理論的過ぎると批判する．マネジメントにおいてもワンベスト・ウエイ，すなわち，世界で唯一の最善の方法を探求されてきた．しかし1970年代から最善の方法は条件によって異なることが提起され，それらは条件依存理論と名づけられた．たとえば命令的な機械的組織は安定的環境においては適合するが，環境複雑化し，激変している状況においては，水平的な柔軟な有機的組織が適合することが明らかにされた．すなわち，ある条件におけるベストウエイは条件が異なるとベストウエイではなくなるといった，一定の条件や範囲を限定した理論は中範囲理論とよばれるに至ったのである．

　さらに経験を極端に重視する実務家は，経営には理論はなく，一つひとつの企業によってベストウエイは異なり，また一つひとつの状況に応じてベストウエイを発見しながらマネジメントを進める必要があると考える傾向が強い．こうした考え方は個別主義といわれ，まさにケース・バイ・ケースであり，理論化は不可能，言い換えれば過去の実践，経験から何も学べないことになってしまう．

　すなわちわれわれは極端な普遍主義や個別主義に立つのではなく，中範囲主義の立場で，それぞれの状況や条件を明確化し，その前提を踏まえてベストウエイを解釈し，また応用・実践することが求められるのである．その状況・条件は大きくは国や文化の違いであったり，または時代状況や経営環境の違いなどが代表的なものである．したがって経営は文化によって異なり，日本的経営

やアメリカ型経営が存在し，その間に違いがあるという発想はまさに普遍主義ではなく，中範囲理論的思考なのである．

　実践家としての経営者，ビジネスマンの立場に立てば，全ての経営者もビジネスマンも自らの経験を整理し，何らかの自己理論をもっている．その自己理論は長年の経験の産物であり，貴重な自己理論に他ならない．しかし，その経験はある状況，条件の下で成果を上げ，成功体験から導かれた自己理論であることを自覚しなければならない．最近では棄却学習（unlearning）が重視されているが，それは「過去の成功体験を忘れ，捨てろ」ということである．すなわち，成功した時の環境状況や条件は今や変化しており，成功体験にこだわっていると，新たな状況では失敗してしまうということを意味している．したがって過去の成功体験を基礎とする自己理論を超え，より一般化し，中範囲理論に育てることが必要となる．すなわち成功した時の状況，条件を常に明らかにし，その範囲においてはベストウエイであることを自覚し，新たに直面している時点の状況・条件の異同を明確にしたうえで，ベストウエイを探索しなければならないのである．しかし人間は過去の成功にこだわり，束縛され，なかなか脱皮できない傾向が強いのでアンラーニングの重要性が声高に叫ばれるのである．

(2) マネジメントの学び方

1) 機能・産業・国別の学習

　マネジメントのカリキュラムは多くの大学や大学院でも機能別に区分されているのが一般的であり伝統である．すなわち，経営職能の観点から研究開発管理，調達・購買管理，財務管理，生産管理，販売管理，経営管理，人事管理などの区分による，それぞれの職能分野ごとの科目を学習し専門を深めるのである．過去の研究や教育，あるいは専門家の区分も概ね，こうした機能分野にしたがって行われ，発展してきており，歴史的な産物でもあり，もっともオーソドックスな専門性を深める学習法のひとつといえよう．

しかし，その専門分野はそれぞれが，他の分野との関連性を余り熟慮することなく自らの専門性を高め，また領域を広げてきており，分野のドグマに陥りがちである．また一方では，領域拡大による重複や，自らの分野が経営の中で最重要な分野であるという志向性が強いことは否定できない．したがって極端な機能別分野のみを深める学習は，いわゆる「専門バカ」に陥ってしまうことを念頭に置く必要がある．

　最近では機能分野という発想からポーターの提示したバリューチェーン，すなわち価値連鎖として発想し，それぞれの機能とその関連性および総合管理を重視する方向への転換も徐々に進んできている．

2) 産業別・国別の学習も

　同じ職能といっても産業特性の影響から産業により異なることはいうまでもない．たとえば人事管理といっても製造業とサービス業では，その技術者や技能者そして事務職といった構成，パートや非正規社員の比率，性別や年齢・勤続の構成も大きく異なり，給与制度やモチベーションのあり方も異なることは想像できよう．それは資金管理や会計あるいはマーケティングなどについても差が大きく，それぞれの職能分野についても，どの産業，さらには業種について学習しているか，あるいは自らはどの当たりの産業に焦点を当てるかを明確にしながら学ぶことが重要となり，また理解を深め，楽しく学ぶ条件となろう．友人との間で，私は自動車産業，あなたはコンビニエンス産業を中心にといった学習の分業ができれば，学習はより刺激的で深まることになろう．

　一般的には「経営学は自動車産業の研究なのか？」と揶揄されるほど，製造業，中でも日本が強い自動車産業や電機産業に，多くの研究が集中してきている傾向がみられる．すなわち製造業中心の経営研究であった．しかし徐々にサービス産業やコンテンツ産業などにも研究領域が拡大してきていることはいうまでもない．

　そうしたことは産業別だけでなく，国別でも同様である．経営学の研究者の多くはアメリカ経営を学んできており，最近ではアメリカ系のコンサルティン

グ・ファームが勢力を拡大し，影響力が高まっていることもあり，アメリカ経営あるいはアメリカ経営学の成果が普及している．何事につけても「アメリカでは……」の記述や発言が多いことはそのことを物語っている．

しかしながら経営，マネジメントは多かれ少なかれその国の歴史や文化・伝統に影響をうけ，経営環境も法制度や社会システムも異なっており，どこの国に焦点を当てて研究するかを明確にすることも重要な視点である．もちろん母国，日本人学生にとっては日本企業が関心の焦点かもしれないが，これも友人や留学生と，学習の分業体制が組めれば，刺激的で楽しく学べることにつながる．

こうした機能，産業，国という視点を明確化し，全てを学ぶことは時間的に限界があるので，どこかに焦点を絞り，なおかつ友人の間で，その学習の分業を意識しつつ進めることが楽しく学ぶコツのひとつといえよう．

3) 第3世代の学問を目指す

地球物理学者の故竹内均は「第3世代の学問」を生涯にわたって提唱・実践した．第1世代の学問は博学的であり，広く浅くの断片的データの蓄積であったとされる．第2世代は分析と専門化により，とにかく狭く，深く掘り下げることを目指したのである．しかし今日では狭く，深く追求し専門化された学問を総合してもなかなか複雑化した現代社会の諸問題を解決するには至らないのが現実である．そこで提唱されているのが第3世代の学問である（竹内・上山，1977）．それは総合を目指し，作業仮説を設定して第1世代の学問による多様なデータと第2世代の学問に基づく専門知識を総合するものであるとしている．

もちろん，第3世代の学問がそれぞれにとって変わるというよりも3つの世代のどれもが重要であり，それぞれ独自の役割がある．しかしながらもっとも遅れているのが第3世代の学問であり，経営学はビジネス界での実践，応用を考えれば総合化，統合化が求められる．昨今ではさまざまな学問分野で過度な専門分化が進み，部分最適を追求する傾向が強まっている．一方，実践の世界では学際的かつ学問分野をも超えて総合的アプローチが課題解決には必要と

なってきている．その意味で21世紀の経営学，マネジメントにおいてはとくに第3世代の学問としての研究，発展が重要となってきているといえよう．

2. マネジメントを通して学ぶもの

　経営学を学ぶことは単に経営に関する基礎概念や新たな概念を学び，さらには経営手法，ノウハウを修得し，具体的実務的手続きや関連法規を学習し，明日からビジネスの実務に携われる即戦力としての能力，スキルを身につけることが目的ではない．とくにわが国の大学は，そうした専門的実践力やすぐに高い成果をあげられるコンピテンシーの養成を目指しているわけではない．日本ではビジネスに関連する能力は普遍的ではなく，個別企業によって異なる個別・特殊主義的な傾向が強く，大学の学部は一般的知識・教養，総合的識見の養成に注力してきている．建前では学部の教育指針には多くの経営学部が経営者や管理者，経営の専門家の育成を目指していると示されており，体系的で多様な専門科目のカリキュラムが用意されているものの，実際の教育内容は担当教員に任され，個別の関心領域やトピックスが断片的に講義され，また学生の方も全体の体系や関連性には興味を抱かず，それぞれの専門科目の試験合格を目指した学習に偏る傾向が強い．

　したがって若干の専門用語や概念の知識は身につける者もいるが，具体的手法や実践可能な専門的ノウハウを修得するものはきわめて限定されている．

　その反面，それぞれの専門分野の学習を通じて，より基本的能力やスキルを学ぶことは可能であり，ゼミや少人数教育を通じて，そうした能力の開発を目指す教員や学部も少なくない．その代表的なものが，ものの見方，考え方のひとつである科学的思考であったり，問題発見と解決力，さらに最近ではプレゼンテーション能力などを含むコミュニケーション能力の養成に関心が高まっている．

(1) 科学的思考と直観的思考

「分ければ分かる」「分かるとは分けること」といわれるように物事の理解の基本は分析力にあるとされている．専門用語も，ある事象を日常用語レベルの粗さでとらえるのではなく，より正確に理解するために，詳細に区分し，厳密に定義した概念であり，それを通じて物事を緻密に解釈，把握するためのツールのひとつとしてとらえることが可能であろう．したがって分析力を高めるのはどうしても専門用語の理解と活用能力が必要となってくるのである．

またそうした概念の関連は論理的ないしは実証的に合理性をもつことが求められ，そのためには一定の方法に則って行われることが求められ，それにしたがってこそ，初めて科学的方法，科学的思考といわれるのである．そうした科学的思考ないしは科学的方法によって得られた結論は，ある課題の解決，あるいは正しい方法として認められ，その理由づけが可能となるのである．

科学的思考と対極に置かれるのが直観的思考であり，同様なことは論理性と感性，さらに最近ではデジタル思考（発想）とアナログ思考（発想）などともいわれている．

図表2－1のように直感的思考は全体的，総合的であり，自然発生的というか感性的であり，解決策の理由づけは不能である．

経営学はいわゆる「制約された合理性」を基礎にしていると考えられている．すなわち，われわれ人間は，ある意思決定にあたって，第1に，全ての情報を入手することは時間的・地理的・コスト的にも困難であること．第2に，ある

図表2－1　科学的思考と直感的思考

直観的思考	科学的思考
全体的	合理的
総合的	分析的
自然発生的	論理的
同時的	方法論的
解決策の理由付け不能	解決策の理由付け可能

出所）Bechtler, T. W., 邦訳（1990：19）

課題の全ての代替案を考えることは不可能であること，第3に，代替案から起こりうる結果を予測することは不可能であることから合理的意思決定には制約があるというものである．

　また昨今では事象を細分化し要素別に分析し，それを合わせれば全体がわかるという科学的思考は要素還元主義として批判が高まり，部分の総和がイコール全体ではないことが注目され，全体としての理解・把握の重要性が指摘されてきている．経営学においてはとくに1960年代以来そうした発想が強く，統合的全体あるいは合成，アトム（原子）よりもホロン（全体子）さらには直観が重視されているのである（名和，1985）．

　現実的には科学的思考と直感的思考という複眼的思考が求められているといえよう．ところが大きな課題は科学的思考については伝統的に多様な学習方法や，手法が開発され，用意されてきている．しかしながら直感的思考をどのように学ぶかは今日的にも大きな課題である．わが国ではOJTによって実践しながら適切なアドバイスやフィードバックを受けながら学ぶのもそのひとつの方法であろう．さらにビジネス・スクールで重視されているさまざまなケーススタディを繰り返し行うことによって直感的思考，全体的思考が高まると考えられてきているのである．

(2) 問題発見・解決力

　経営学の学習は企業経営にかかわる諸問題を発見し，その解決によって企業経営の変革，経営成果の向上が可能な能力を養うことにあるといえよう．そのためにものの見方，考え方，そして重要な概念や知識・理論，主要な経営手法などを学ぶことになる．しかし，そうした能力の基盤となる一般的基礎能力は企業経営に限定されるものではない．日常的な生活場面における問題の発見，そしてその問題解決へ向けての考え方，進め方，その実行の仕方へも通じるものである．しかし問題発見や問題解決といっても，大学生活の中で起こる人間関係の問題や集団運営のごく一部の課題に限定されてしまうことはいうまでも

ない．それも重要な問題発見力，問題解決能力を養うことにはなるが，中心はレポートや研究，論文作成行動を通じた課題設定とその調査研究方法の学習ということになろう．すなわち，「わからない課題をどのように調べ，どうすれば明らかになるか」というレベルでの問題発見・解決能力の学習，養成となる．

わからないことは事典でわかるとか，インターネットでわかると思っているとすれば大きな問題である．しかも見ず知らずの地方の学生から「○○の問題を研究しています．先生の考えを教えてください」などと，突然e-メールで質問が飛び込んでくる時代である．このような身近な，いや安易に他者に質問して，解答を求めることは問題発見でも問題解決でもないことはいうまでもない．

「課題の設定のあり方いかんですでに課題の半分以上は解決している」ともいわれている．ひとつの問題を多面的に検討し，どのような概念・言葉で認識すればよいのか，どのような視点からとらえるのか，あるいはどのような原因，結果と関連しているのかなどの検討の末にはじめて課題の発見，設定ということになる．後に詳細に論じるが，インターネットで検索するとしても，どのような用語，キーワードで検索するかによっても探求の方向は大きく異なってしまうし，インターネットは「ゴミ箱」であり，誤った情報や，ウソのデータが数多く混在していることも忘れてはならない．

どうすれば真実の情報にたどりつくのか，そのためには何を明確にし，どのように比較考察し，取捨選択するのか，そうした過程を通じて，適切な情報源，考え方の組み立て方，証拠の集め方，議論による自らの考えの練り上げ方（鷲田，1993），そして説得の仕方や表現の方法などを学ぶのである．それこそが大学で学ぶ重要な問題発見・解決能力であるといえよう．

演・習・問・題

問1 あなたは経営に関連して，どのような産業，どの機能，そしてどの国にもっとも関心がありますか．

問2 現在，あなたが感じている大きな問題は何ですか．またそれを解決する方向を3つ考えてください．

参考文献

Bechtler, T. W. (1986) *Management and Intuition*, verlag moderue industrie A. G.（川崎晴久訳『マネジメントと直観』東洋経済新報社，1990年）

名和太郎（1985）『ホロン経営革命』日本実業出版社

根本孝（2002）『E－人材開発：学習アーキテクチャーの構築』中央経済社

角尾貞夫（2002）『人事部：図解でわかる部門の仕事』日本能率協会マネジメントセンター

この本は人事部の紹介であるが「図解でわかる部門の仕事」シリーズの1冊で，主要各部門の役割，仕事を理解するための好書．

鷲田小彌太（1993）『自分で考える技術』PHP研究所

《推薦図書》

1. 竹内均・上山春平（1977）『第3世代の学問』中央公論社
   専門分化した学問を統合的に学ぶ第3の学問のあり方を提唱．

2. 根本孝（2004）『ラーニング組織の再生：蓄積・学習する組織 VS 流動・学習しない組織』同文舘
   個人の学習とは何か，そして学習する組織をどう構築するかを追求した専門書．

3. Kornhauser, A. W. (1993) *How to Study*, The University of Chicago Press.（山口栄一訳『大学で勉強する方法』玉川大学出版局，1995年）
   学生向けに書かれた勉強学習の仕方の基本テキスト．

4. 日経ビジネス編（2000）『こんな経営手法はいらない』日経BP社
   新しい経営手法に安易にとび付くことに警告を発するユニークな本．

5. 立花隆（1984）『知のソフトウェア』講談社
   情報のインプットからアウトプットまでをわかりやすく解説した基本書．

第 II 部
聴く，メモる，話す

経営の学び方

- 第 I 部　経営を楽しく学ぶ
- 第 II 部　聴く，メモる，話す
  - 第3章　聴き方，話し方，会議の仕方
  - 第4章　メモ・ノートの方法
- 第 III 部　情報検索と調査・分析
- 第 IV 部　レポート・論文・プレゼンテーション
- 第 V 部　考え方，問題解決法

第3章の要約

　3章では，口頭によるコミュニケーションの中心である聴き方，話し方，そして会議の仕方について検討する．

　まず，コミュニケーションの基本として，コンテクストと言語の重みが国や文化によって異なることを考察する．

　そしてコミュニケーションにとってもっとも重要な聞き方，聴き方の基本課題を検討した上で，つぎに話し方を考えたい．話し方においても対話と討論の差を明確にした上で討論会議のあり方，進行役としてのファシリテーターの役割を検討する．日常的に聞く，話す，討論はしているが，本章では，その基本を検討しているので，あなたの日常のコミュニケーションを振り返り，自らのコミュニケーションの弱点の発見とコミュニケーション能力の開発課題の把握に役立ててほしい．

第3章　聴き方，話し方，会議の仕方

1. コミュニケーションの基本

(1) キャッチボールとしての意思疎通

　コミュニケーション（communication）は意思疎通と訳されるが，今では英語のコミュニケーションの方が日常的会話に広く使われ，意思疎通はほとんど使われない言葉となった．そのコミュニケーションが今日改めて見直され，大学生の就職試験においても企業がもっとも重視しているのが，このコミュニケーションであり，コミュニケーション能力である．

　コミュニケーションは，「心のキャッチボール」とか「双方向の意志伝達」などともいわれている．しかし，ともすると一方的発言や発言無視といった一方通行，熱心な話し手に対して聞かない聞き手，聞けない聞き手の場合が少なくない．コミュニケーションの基本は話し手と聴き手の心の交流であり，心の表現が何らかの伝達経路を通じて相手に理解され，納得され，共感が生まれて，初めてコミュニケーションが成立したことになる．

(2) コンテクストと言語

　人間は話をする動物であるといわれるほど，話によって自らの思いや考えを伝え，また聴き，情報や知識，そして感情を豊かにし，さらに相互の人間関係を維持・発展させていることは日常的に体験済みであろう．しかしわが国においては，伝統的に「沈黙は金」（口をきかないことが最上の分別），「以心伝心」（言葉によらない心への伝達），「腹芸」（言語によらず度胸や経験で対処）などといわれるように，言語による意思疎通よりも雰囲気や状況を重視し，それに依存したコミュニケーションスタイルであった．「三語亭主」といわれるように，自宅に帰って「めし，風呂，寝る」の三語だけで夫婦の意思疎通をするなどはその典型であろう．

　ホール（1959）は全体のコンテクスト（context：状況，環境）を重視する．

人間のどんな相互作用も，コンテクストが高いか，低いか，その中間かということで位置づけることができると主張している．

高コンテクストなコミュニケーションは，メッセージに明確化・コード化された情報は少なく，ほとんどコンテクストの中に組み込まれている．ゆえに，コミュニケーションは簡潔であり，短時間で可能となる．一方，低コンテクストなコミュニケーションは情報の大半が伝達メッセージに盛り込まれており，厳密な言語表現に依存することになる．

それは，図表3－1のように示されており，ドイツ人，アメリカ人，スカンジナビア人は低コンテクストの典型であり，日本人，中国人は高コンテクストの典型であるとされている．

すなわち，より端的にいえば，コミュニケーションする場合，社会・国によってコンテクストに大きく依存する日本などのアジア諸国と，逆に言語のようなシンボル，すなわち，情報に依存するいわゆるドイツ，アメリカ人などに

図表3－1　高コンテクストと低コンテクスト

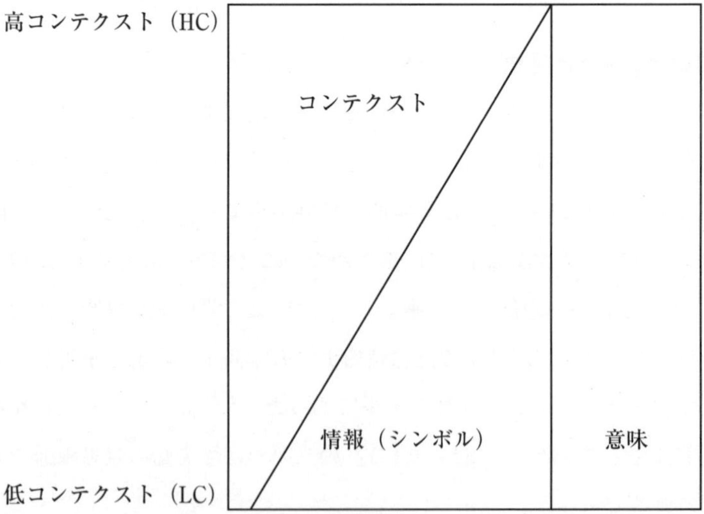

高コンテクスト（HC）

コンテクスト

情報（シンボル）　　意味

低コンテクスト（LC）

出所）Hall, E. T., 邦訳（1979：119）に加筆

区分されるというわけである．したがって，ハイ・コンテクスト社会に住む日本人がアメリカやドイツに行った場合は，今まで以上にシンボル，言語を多用しなければ意志が伝わらない，すなわち，意識的に多弁にならなければ理解されないということである．

　もちろん，日本人の中でも高齢者ほどコンテクストに依存し，どちらかといえば若者は言葉，情報に依存している．男性と女性でも異なっているのである．このことはコミュニケーションは言語や情報のみで成立しているのではなく，コンテクストが大きくかかわっていることをあらためて認識することである．

(3) 言語と身体言語

　コミュニケーションにとって言語の重要性は改めていうまでもない．しかし日本語，英語といった文字および音声による言語（自然言語）もさることながら，最近では図解，イラストといった視覚言語そしてジェスチャーや体の動きなどの身体言語，あるいはボディランゲージ（body luangage）も重視されてきている．しかもコミュニケーションにとって自然言語の役割は2～3割で，他は身体言語等が担っているともいわれている．

　以下ではとくに自然言語を中心に議論を進めることにしよう．

2. 聴き方の基本

(1)「聞き上手」は重要能力

　聴き方といっても1対1あるいは少数の対話で聴く場合と，多数の聴衆のひとりとして講義や講演を聞く場合とに二分することができる．便宜上，前者を聴き方，後者を聞き方としてここでは検討しよう．

　基本はひとりの話し手とひとりの聴き手のコミュニケーションにおける聴き方である．人間が話す動物であるからこそ，自分の話を良く聴いてくれる人には好感をもつ．そして対話，会話の基本はキャッチボールともいわれる．すなわち，受けて返すことによって話し手のつぎの話しや本音を引き出すことがで

きる．話し手はますます話す意欲を高め，元気を出すのである．それによって聞き上手は幅広い情報や知識を獲得することも可能となり，相手との共感も高まり人間関係も強くなるということになる．まさに聴く力，聴き方は話し方以上に重要なコミュニケーション能力といえよう（永崎，1998）．

　とくに組織のリーダーにとっては聞く姿勢，聞く力の重要性が主張されてきた．そしてカウンセリングマインドとか傾聴能力講座などがリーダー向けに開発，実施されてきており，最近では質問力とかコーチング力の向上が注目されている．すなわち聴き，質問することは相手の心を開かせ，視野の拡大や転換を促し，積極的行動を促すことにつながり，学習が深まるとされている．その結果としてコーチや質問者は逆に相手をリードすることが可能となるのである．

(2) 聴き方の基本：安心，傾聴，共感関係

　話を聴くにはいかに相手が話しやすいような状況，雰囲気を作るかが第1の条件である．その基本は，話し手が安心できる状況，安心して何でも話ができる雰囲気づくりに他ならない．「本音を話したらマイナスの結果を招かないか，誰か他の人に漏らされないか，怒られないか，馬鹿にされないか，きちんと聴いてくれるだろうか」といった，さまざまな疑問が話し手の心を閉ざすことになる．オープンに何でも話せる環境づくりは，日ごろからの人間関係，信頼関係がベースとなるが，その相談に乗る時の場所，時間そして雰囲気，聞き手が安心でき，ゆったりした態度を心がけることが求められる．

　第2の条件は，聞き手が，一生懸命聴こうとする積極的傾聴の姿勢である．相手の目をみたり，うなづいたり，相づちを打ったりに加えて，「オウム返し」といわれる，相手が使った言葉を，再び使って質問したり，同意を示したり，要約したりすることはとくに話し手にとっては心を開かせたり，聞き手の傾聴の姿勢を感じ取るうえでは重要である．

　第3は，共感関係づくりである．相手の話に耳を傾け，聴きとめてくれた，そして話を理解し，同感してくれるという状況は，まさに共感の関係が築かれ

たといえよう．話し手は聴き手に好感をもち，さらに好きな人のひとりになることができれば，最善である．

(3) 講義の聞き方

　大学生にとって大きなウエイトを占めるのが講義を聞くことにあるといえよう．授業も単なる講義のみではなく，グループワークやディスカッションそしてフィールドワークなどの時間も増加傾向にはあるが，大半は講義を聞くことであり，そのスキルがあるかないかは知識の獲得のみならず，発想や考え方を磨き，さらに授業や学生生活へのモチベーションを維持・向上させるためにも欠かせない．講義を聞くうえでとくに重要な以下の5点をチェックし，そのスキルアップに挑戦することが重要である．

　① テーマを抑える

　まずはその日の講義のテーマは何かを明確に把握することから始まる．最近ではシラバスに明記されていたり，教員も最初にその日のテーマ，課題を明確にすることを心がけている．単にテーマが何であるかではなく，そのテーマに関連してどのようなことが社会で問題になっているか，前回の講義や他の課目の講義との関連性が把握できれば，興味は高まるし，その講義の位置づけも明確になる．さらにはそのテーマについてとくに関心のある事項，疑問点をもって講義に臨めば，さらに授業へのモチベーションは倍増することになろう．

　② 講義の流れ，そしてキー概念

　テーマにしたがって講義がどのような手順で進められ，話しが進んでいるのかの全体の流れをつかむことが講義の内容理解には欠かせない．そうした中で，何がキー概念，専門用語として重要なのかにも配慮する必要がある．大学の講義が専門科目に入れば入るほど，中心となる概念の理解，把握は専門分野を深めるには欠かせないこととなる．しかもそれは辞書的な意味で記憶するばかりでなく，現実の現象との関係で理解することが必要であり，さらには自分の言葉で再解釈することが本質的理解のためには求められる．

③　教授の癖をつかむ

　講義の流れ，進め方は担当する教員，教授によって一定のリズムがあり，クセがあるといえよう．それを早く理解してしまえば，講義の流れや重要事項の理解，そして現実の事例などを立体的に，しかも自分のペースで聞くことができる．さらに教授のクセは教科書の使い方や参考文献の紹介，そして試験の出題傾向やポイントにも関連する．そうした一連のクセ，特徴の理解も授業を面白く聞くための重要なスキルである．

④　席の選択

　あなたが教室に入った時に，どの当たりに座るかは，一定の法則，慣行があろう．前の方に座らないと落ち着かない人，目立たないように後ろの端の方に定位置をとる人などさまざまであろう．もちろん教授の表情が読み取れ，黒板やスクリーンが見やすい場所に座ることが重要である．

　しかも最近では授業中の雑談，内職，居眠りなど日常茶飯事のクラスも少なくない．人間は弱いもので周りに流される習性をもつ．したがって，座る場所によっては話しが聞き取れないばかりでなく，自らの講義へのモチベーションを下げてしまう座席も存在することを忘れてはならない．できれば前の方に席を選択し，教授の情熱のみならず，講義を聞く他の学生の熱意も感じられる席を選択して欲しいものである．

⑤　友人との情報交換

　講義ノートをとることが，講義を自分のものにし，さらに意欲を高める重要なツールであることは他で論じたので，ここでは省略する．ノートとともに，もうひとつ重要なことは，講義の後の友人との情報交換であり，講義についての友人との会話，討論である．

　感想をはじめ，賛成，反対意見，関連する情報，参考文献の紹介などは講義の内容をさらに深め，また理解を深めるために重要な方法である．とくに関心の高いテーマについては喫茶店でも飲み屋でも場所は問わないが，ぜひ会話，討論しフォローアップすることが重要である．それによって講義の中身も自分

のものとなり，さらに関心は深まることになろう．

それこそが大学生活そのものであり，年々減少している学習方法ではないだろうか．

3. 話し方の基本

(1) 簡潔，明瞭，相互関係

話し言葉によるコミュニケーションの基本は簡潔，明瞭，相互関係にある（小野，2004）．

① 簡　潔

「言語明瞭，意味不明」などとスピーチをけなされた首相も存在した．言葉はそれぞれわかりやすく，理解できるのだが，何をいいたいのか，何が主張のポイントなのかが不明瞭なためである．立場上明確にいえなかったり，あえて内容を曖昧にせざるを得ない場合もなくはないが，基本的には簡単で，明快であることが話すうえでのもっとも重要なポイントである．

② 明　瞭

話す目的に応じて何を話すかの内容の明確化こそ基本である．ともするとウケを狙ってジョークや面白い話の挿入ばかりを考え，何を伝えたいかがぼやけてしまう場合も少なくない．

そして使用する言葉や話す声の明瞭さもわすれてはならない．実は自分が聞いている自分の声は他者が聞いている声とは違っている．ぜひ録音して自分の声の調子，聞きにくい言葉，口癖など，時々チェックすることも重要である．

はっきりした内容を明瞭なハキハキした言葉で話すことを心がけよう．

③ 相互関係

話し，コミュニケーションをとることは話し手の一方通行ではなく，聞き手との間の相互関係が成立し，まさに意思伝達が成立しなければ目的を達せられない．面白い一例がある．東京ディズニーランドがオープンする際に，スタッフが顧客をどのような挨拶で迎えるべきかが議論になったという．日本の慣例

では「いらっしゃいませ」というのが顧客を迎える挨拶の常套語である．しかしアメリカディズニー側は，この言葉は「お客さんは何も言葉を返さない」ということで強く抵抗したという．すなわち，顧客からの返答がなければ双方向のコミュニケーションにならないというわけである．顧客が「いらっしゃいました」とは返礼しない．そこで双方向のコミュニケーションが可能な「おはようございます」「こんにちは」で迎えることになったという．まさにコミュニケーションは双方向の関係，相互関係であることが基本なのである．

　対話にしろ，会議中での発言にしろ，常にその場や相手の状況に合わせて話しの内容，言葉を選択，使用し，相手の反応に応じて柔軟に対応することが必要である．やたらに相手がわからない外国語を使ったり，専門用語を使ったりすることはとくに気をつける必要がある．話すことは一方的にいいたいことをいうのではなく，相手に伝わらなければ意味がない．専門用語ではラポート (rapport) 関係，すなわち調和・信頼関係を築くことの重要性が指摘されているが，話すことは双方向，相互関係を築くことを前提にすることが重要である．

(2) 対話と討論

　話すことは相手の数によって1対少数，すなわち2人ないしは少数で話す場合と，1対多数の人に話す場合に大きく二分することができよう．ミニコミとミディコミともいえようが，さらにTVやラジオなど不特定多数を対象とするコミュニケーションがマスコミとよばれている．

　少数を対象とする主要な口頭によるミニコミは対話，面談・面接，会話がその代表であろう．対話はまさに1対1のコミュニケーションで相手の考えや感情を理解，共有することであり，意見の一致，合意を取り付けるよりも違いを知り，認識することが主目的となろう．親子の対話は，どうしても親が子を説得，合意させようとするあまり相手の話を聞くことが省略されてしまい「話せばわかる」のではなく「話せば喧嘩」になってしまうといわれている．

　面接，あるいは面談も少数者の間で，相手の意見や考えを聞き出したり，理

解すること，あるいは相互理解のための情報・意見交換である．ゼミナール等での入室試験そして就職試験の中でもとくに面接が重視されている．面接の際の話し手としては質問への適切な対応が第1に求められる．それには相手の質問は何を聞きたいのかの理解が最重要である．中には質問とは異なる自分が記憶してきたことを思い出しながら話す学生も少なくない．それでは面接にも対話にもならないことを知るべきである．質問をよく理解できなければそれを確認するだけの余裕はほしい．

第2のポイントは素直さと明るさであろう．大学生の知識や表現力は限られていることは衆知のことである．質問への完璧な回答よりも素直で若者らしい明るさが求められる．わからないことはわからないと，ごまかさない誠実で素直な回答が肝要である．

さらに会話は文字どおり少数で話すことであり，その話を楽しむ，自然の流れの中で話の展開，面白い話題を提供して心を癒し，心の交流を図ることである．

一方，ミディコミは多数を対象にした自己紹介，スピーチ（挨拶，講演），会議に大きく区分できよう．自己紹介は自分の性格や特徴などを理解してもらうための話であり，誰に，どのくらいの時間，どんな場面で話をするかによって内容を考えることが重要であろう．

スピーチは何らかの主張を表明することであり5分以内程度の短時間の挨拶，意見表明と1時間前後の講演に区分できよう．いずれにせよ，テーマの明確化，わかりやすくスムースな話の筋立て，そして適切なエピソードや証拠立てが相手に理解してもらう3原則といえよう．

ミディコミでの難問は討論・会議である．情報共有のための報告会・説明会と意見をたたかわす議論（討論）そして協議，検討して合意・決定する会議に区分されるが，大学生の間では議論が中心となろうが，実際のビジネス界では報告・議論を含んだ会議が中心であり，もっとも重要である．よく会議に関して「会して議せず，議して決せず，決して行わず」といわれる．議論のための

議論は批判，否定され，議論で終わることなく，決定し，そしてさらに重要なことは決定されたことを行動，実施することである．

一方，学生生活の中では理論や学説の理解や，自らの考えを深めるために議論や討論が行われる場合も少なくない．しかし決定のための会議も議論が延々とつづき討論ばかりで時間が費やされたり，決定ができない場合も少なくない．そこで，以下ではとくに会議の基本を検討することにしよう．

4. 会議の基本

(1) 会議と根回し

集団，組織で意思決定を行うには事前根回しと会議による決定が行われることはいうまでもない．日本と欧米との比較による意思決定の特徴は，ボトムアップで，事前の根回しに多くの時間を費やすこと，しかし最終決定後の実行は，根回しが済んでいるため，スピーディーに実行され，意思決定から実行までのトータル時間は日本のやり方の方が短時間で効率的であるといわれている．しかしトップダウンの欧米企業との競争のためには根回しの効率化が強く要請されてきている．そのためには根回しと会議のあり方や，時間配分等の改革が求められる．すなわち根回しに多大の時間を費し，会議はその根回し済み原案の形式的承認というあり方の転換が求められる．つまり，根回しの効率化と形式的会議を止め合意形成，そして決定事項の実行こそが求められている．形式的会議から「会して議し，議して決し，決して実行」への転換に他ならない．以下ではそのために必要な会議のマナーを考察する（堀，2005）．

① 相手の尊重

会議は自己の意見の押し付け，相手の説得が目的ではない．いかに相手の意見に耳を傾けるのか，相手はなぜ，そのような意見を表明するのかの立場や要因の把握などを注意深く拝聴する「傾聴」の姿勢が求められる．そうした態度がなければ相手の納得も得られないのはいうまでもない．

② 論理的発言

発言には簡単明瞭が第1原則であることはいうまでもないが，その基盤には論理的な発言，意見表明が必要であることは会議のみならず，常に求められる．論理の飛躍や，屁理屈では相手に自らの意見を理解してもらえず，議論にならず，合意を得ることは全く不可能といえよう．

大学生の間ではディベートへの関心が高い．それはあるテーマを設定し，賛成派と反対派に別れ，その理由，論拠をめぐって討論する方式である．実務界でディベートが会議形式として行われることは皆無に近いことをまず知らなければならない．ディベートはあくまでも論理的思考そして論理的主張の訓練方法であり，訓練の場なのである．

③ 個人攻撃，感情対立の排除

論理的思考，発言の対極にあるのが感情的な個人攻撃や対立である．日常的な感情対立が会議の場にも持ち込まれる傾向は強い．それは会議全体の雰囲気を悪化させ，建設的な合意形成を阻害することにもなる．意見はその発言者個人と切り離して，論理的，客観的に理解，把握することを大前提とすることが求められる．

ともすると討論や会議は相手を攻撃することだと勘違いしている人も少なくない．はじめから相手の言葉尻をを取り上げて，攻撃したり，難癖をつけたり，話の腰を折ったりでは対立は激しくなるばかりである．あるいは真っ向から発言を否定したり，無視したりの攻撃型のクセをもった人も存在する．自分ではそう思っていない人もいるので，自らの話の切り出し方，口調が相手に不快感を感じさせていないか，友人にチェックしてもらったり，録音して確認することも心がけたい．

④ 正・反・合で第3の案づくり

さまざまな発言を冷静に受け止め，賛成，反対意見から，それを超えて第3の新たな案づくりを目指すことを心がけることが求められる．すなわち「正・反・合」の発想である．それこそ創造的な議論であり，今日叫ばれている「共

創」・コラボレーションを目指す討論である．

　⑤　決定へのコミットメント

　さらに会議に求められるのは決定事項，合意事項へのかかわりであり，それぞれの立場，役割での責任の遂行である．いくら決定されても実行されなければ意味がない．そのために最終決定には内容のみならず実行のための日程，役割責任分担そして経費配分などの実行計画が付議されなければならない．

　したがって最終決定段階では意思決定プロセスの対立を超えて，それぞれが共感し，実行への意欲を高める配慮が必要となる．それが個々の利害のバランスのみで終わってしまえば，いわゆる現実的「落としどころ」に終始し，なにも改革，改善が進まない決定になってしまい，実りの少ない会議となってしまう．

5. 進行役の役割

(1) ファシリテーターとしての進行役

　ファシリテーター (faciletater) は促進者であり，論点の明確化，スムースな議事の進行そして議論の活発化，さらに決議後の実行の促進の役割を担っている．

　伝統的には会議は議長が仕切ると考えられてきた．すなわち，議長は会議の長であり，案の採否を決め，同数の場合は議長の判断で決定するのが一般的であり，会議の採決権を有する責任者である．一方，司会者は議事の進行役である．しかし今日では単なる原案の採否を判断するのが会議ではなく，原案を叩き台にして，活発に意見が提出され，より良い案が共創され，さらにその案の実行が促進される役割が会議の司会者には求められてきている．したがって会議の議長（議題や参加メンバーの決定者）とは別に中立的な立場のファシリテーターとしての司会者を決め，その進行役の役割が期待されているのである．その他に議事録を取る記録係の任命も忘れてはならない．

(2) 5つの役割

ファシリテーターとしての進行役は，基本的に以下の5つの役割を担うと考えることが有効であろう．

① 事前準備

日時，場所，議題・テーマ，参加者を確定し，連絡することから具体的準備ははじまる．もちろんテーマに応じてどのようなメンバーに参加してもらうかは重要な問題であり，具体的準備の前のもっとも重要な案件であり，議長と相談し，根回しも含め，準備しなければならない．参加者への連絡と同時に，資料作成を依頼し，また会議室の机の配置，設備・備品の準備も，会議の進行や，議論の質に大きな影響を与えるので細かな配慮が必要である．

② 進行・議論促進

会議スタート時点での会議目的，その日の進行計画，そして発言のルールなど明示することが進行を促進するための基本といえよう．

発言ルールは

・誰もが平等に発言する

・肩書きを忘れる

・発言は3分以内で

・発言中の割り込みはしない

討議の途中では議論整理すること，そして本題からのズレを防ぐことがスムースな会議進行の要といえよう．そして発言が特定の人に偏ったり，威圧的な発言を繰り返す上司の発言を封じるのも司会者の重要な役割である．それは司会者にとって難問であるが，最初に確認した会議の基本ルールに戻って反省を促したり，権威や面目をくすぐりつつ，発言を要約したり，他に発言を促したりの采配が求められる．

また意見が出ない場合は，話を引き出すべく，情報を提供してもらったり，指名して発言を促したり，進行役が質問をしたりすることも必要であろう．

また対立が激化した時の冗談，息抜き情報，途中休憩など機転を働かせたタ

イミングのよい介入が重要となる．

③ 結論の明確化と実行促進

「議して決せず」にならないよう，議論が結論に収斂するような進行と，最終的結論を議長にも確認しつつ明確化し，要約することが重要である．そしてその結論によって一般的には何らかの行動，実行が必要となる場合が大半であろう．その場合は，何を，いつまでに，誰がどのような課題を実行するかの実行計画，役割分担，さらには費用負担も含めて明確化することが求められる．まさに「決して行わず」にならないために，この駄目押しが進行役の役割である．その場合も押し付けではなく，関連部署，担当者が積極的に決定事項を実行するモチベーションを高めるべく，問題点や，関連情報の共有，そして結論への共感度を高める議事の進行を心がける必要がある．

(3) 学生の討論時の留意事項

大学生の会議，議論はとにかく時間がかかること，本題から脱線すること，結論がでないことが3大特徴ともいえそうである．したがって，とくに以下の点に留意が必要と思われる．

① 日常会話と区分して

会議・討論も日常会話の延長と考えて議論するケースが少なくない．ニックネームやチャンづけで呼び合ったりすると，一層その傾向は強くなる．したがって日常会話と区分し，より客観的，論理的議論を進めるために，あえてニックネームでよぶことを禁止したり，きちんとした「公式発言」を求めることも一案であろう．

② 徹底的に他者の発言に傾聴

他者の発言を傾聴するのはむずかしい．とくに学生の場合は表面的言葉や，用語に反応してしまい，発言の趣旨や本意を考えることは弱い．「何をいいたいのか」「何を主張しようとしているのか」をじっくり聴き，心を読み取る習慣を身につけることが求められる．

③　相手の立場も考えて

　他者の意見の傾聴には話の根底にある，その人の役割，立場や状況も勘案することを忘れてはならない．学生の間では平等，一緒という発想が強く，それぞれの役割，立場を考慮するケースが少ないが，意見の本質を把握するためにも，相手の立場の認識は欠かせないことである．

④　本題を忘れずに

　さらに学生が陥りやすい傾向は，議題やテーマを忘れてしまい，誰かの発言に促されて思いつき発言，本題をまったく考えない発言をしがちである．常に今日のテーマ，本題を意識した発言が求められる．

⑤　会議の流れを読む

　前述の本題とのズレとは逆のことになるが，会議全体の流れを無視した，個人の勝手な発言も時々みられる．会議の流れを考えなかったり，自らの発言のことだけを考えていると起こりがちなことである．それはすでに議論された内容だったり，あるいはだいぶ先の議題であったりするケースもあり，議論の腰を折り，進行の妨げになるので注意を要する．

⑥　あくまでも冷静に（個人攻撃はしない）

　感情をストレートに表現してしまい，議論どころか喧嘩になってしまうこともありがちである．時には議論と直接関係ない個人攻撃になることさえみられる．熱心さはよいが冷静，論理的な思考，発言が第一であり「熱く，冷静に議論を」心がける．

⑦　簡潔明瞭

　自らの考えがまとまっていないと，話しは長くなる．自らの発言の前に，自分が話をしようとしていることのポイントを明確化し，箇条書きでメモすることを習慣化する．相手に自分の意見，意志を伝えるには簡単明瞭が第一である．

　そして自らの意見の理由，なぜそう考えるかの説明が弱いのも学生の発言の特徴といえよう．発言の根拠を示さなければ相手は理解できないし，その理由，根拠によって相手は納得するのである．自ら「だからどうなの」「それで，ど

うなの」「なぜそう考えるのか」を自問自答してから発言することも必要であろう.

演・習・問・題

問1　あなたが講義の聴き方で何が一番の課題でしょうか.
問2　あなたの話し方の中で悪いクセは何でしょうか.
問3　あなたが討論の仕方の中での最大の弱点は何でしょうか.

参考文献

Hall, E. T. (1977) *Beyond Culture*, Anchor Books.（岩田・谷沢訳『文化を超えて』TBSブリタニカ，1993年）
堀公俊（2005）『話し合いの新技術』プレジデント社
永崎一則（1998）『話を聴く力が人生を変える』PHP研究所
小野一之（2004）『わかりやすく説明説得する技術』すばる舎

《推薦図書》

1. 堀公俊（2005）『話し合いの新技術』プレジデント社
    ミーティング，会議，司会者の役割を7原則にまとめたわかり易い解説書.
2. 小野一之（2004）『わかりやすく説明説得する技術』すばる舎
    わかり易い説得，説明について具体的，実践的に解説した基本書.
3. 永崎一則（1998）『話を聴く力が人生を変える』PHP研究所
    聴くことの意義，方法をわかりやすく解説した入門書.
4. 諸井克英・中村雅彦・和田実（1999）『親しさが伝わるコミュニケーション：出会い・深まり・別れ』金子書房
    人間関係とコミュニケーションを心理学的に分析した専門書.

第4章の要約

　メモ・ノートは備忘録であると同時に考える道具でもある．その重要性を再検討するとともに，何をメモしどのようにノートを取ればよいかのノート術を検討する．
　IT技術が進展した現在，メモ・ノートも紙媒体とは限らない，パソコン，携帯電話，デジカメと多様化している．しかしながら基本は紙媒体を使ったメモであり，ノートであり，その基本の基本を考える．
　そして，とくに学生にとって重要な読書の方法と読書ノートの具体的な方法論を提示したい．それは新聞や雑誌の情報メモやノートにも応用可能であろう．
　さらにもっとも多くの時間を占めるが，なかなかその重要性に気づかず，またノウハウが無視されている授業ノートの取り方を検討する．

第4章 メモ・ノートの方法

1. メモ・ノートの重要性

(1) ノートは備忘録

「あなたは大学入学後，何冊のノートをつけましたか」

あまりノートやメモを重視していない学生が多いのが実態であろう．多くは教科書や配布資料の隅に書き込んで済ましているのではないだろうか．一般にメモやノートは電話等の伝言の記録，打ち合わせの内容記録，あるいは新聞・雑誌やTVなどからの情報の記録，講演会の情報の記録，思い浮かんだアイデアの記録，そしてスケジュール管理や，仕事の段取りなどが主要な内容といえよう．そうした機会の少ない学生の中にはスケジュール管理のための手帳さえ持っていない者も少なくない．しかもパソコンや携帯電話の諸機能が発達した現代は，スケジュール管理をはじめメモの役割のすべてを携帯電話に依存する学生も増加してきている．

さて，改めてメモはメモランダム（memorandum）の略語で，まさに覚書，備忘録であることを確認する必要がある．すなわち忘れたときの，用心のメモ，手控えなのである．ノートも（note）も短い記録，メモ，覚書に他ならない．われわれの記憶は時間とともに保持率が低下し，どんどん忘れるのが常であり，だからこそ忘れたときの備えとしての備忘録，メモが求められるのである．

(2) 何をメモするか

メモ・ノートといってもその内容は前述したように実に多様である．大きくは4種類程に区分されよう．

第1は情報の記録である．新聞や雑誌，本，TV・ラジオそして講義や講演，街で拾った情報など，そのさまざまな場所や媒体から得た情報の保存・蓄積のためのメモ・ノートである．その情報記録の目的も面白いと思ったこと，話のネタになること，趣味・関心あること，研究課題に関すること，授業や教科に

関することなどであり，大学生にとっては講義ノートや読書ノートなどがその中心となるものであり，後に取り上げて検討したい．

　第2は浮かんだアイデアの記録である．ひとつのテーマや課題について考えていたことのアイデアが浮かんだり，何かをきっかけに頭に浮かんだヒントを記録する．そうしたことは後から思い出そうとしてもなかなか思い出せないことが多くメモが欠かせない．とくに心理学的には緊張が緩んだときや就寝時にアイデアがわきやすいといわれており，ビジネスマンや研究者の中にはベッドや寝床の脇にメモ帳をおいている人さえいる．

　第3はスケジュール管理のためのメモである．これはいうまでもなく研究会やサークル活動に日程，ゼミでの発表や授業の変更日程，友達との約束などさまざまである．

　いつ，あるいはいつまでに何をしなければならないかの明確化は，きわめて重要である．

　さらに第4には伝言メモである．電話や打ち合わせを他の人に伝えなければならないことが生ずる機会は多い．そのための伝言，伝達メモである．

　そして第5は人的ネットワークに関するメモである．大学生にとっては必ずしも新たな人に会う機会は少ないかもしれないが，ビジネスマンは毎日あらたな人に会い新たな人的ネットワークが形成される．その記録，メモは貴重な財産であり，現代では「社会的資本」などともよばれている．人によっては交換した名刺や，最初に面会したときに携帯電話番号を交換し，携帯電話がその役割を果たす傾向が強まってきている．

(3) なぜメモ・ノートなのか

　メモ・ノートは忘れた時に備えることが本質的役割であることはいうまでもないが，メモ・ノートの必要性を余り強く感じていない学生のために，改めてその役割，なぜメモ・ノートが必要なのかを具体的に整理しておこう．

　第1は，情報・知識の蓄積と創造である．せっかく目や耳に触れた情報を忘

れてしまっては元も子もない．われわれの記憶力の限界を補う役割はきわめて大きい．さらにメモした情報や知識はアイデア等と結びつき再整理され，再統合されれば新たな情報や知の創造へ発展することになる．すなわち，情報・知識の蓄積のみならず新たな情報や知識，発想や考え方や案づくりが可能となるといえよう．

　第2は，すべきことの的確な処理である．友人との約束の実行をはじめ，ゼミの行事，レポートの提出，討論会・研究会の日程とそのための準備や段取りなどすべきことの日時，内容が明確にされる．それは結果として情報処理能力の向上，さらには友人はじめ多くの人たちからの信頼を向上させることにつながる．いわゆるスケジュール管理に基づく行動により，「彼はきちんと約束を守る」とか「頼んだことをきっちり実行してくれる」といった信頼の基盤づくりとなるのである．

　そうしたすべきこと，課題の的確な処理は個人のメリハリのある生活を可能とするのである．「大学生は時間があって時刻がない」ということもできる．自由時間が十分ありすぎるため，どうしてもスケジュール管理や時間管理にルーズになる傾向が強い．その結果，レポート提出の1週間の遅れや授業への遅刻は当たり前，中には試験への遅刻が常態化している学生もいる．それでは「1年間何もしなかった」「怠惰に時間だけが過ぎてしまった」という後悔につながりかねないのではないだろうか．

2. メモ・ノートの方法論

(1) メモ・ノート術の基本

1) 習慣化

　私のゼミ生の中にも過去に一人，「メモ魔」とよばれた，メモを取り続ける学生がいた．彼はマスコミを志望していたこともあって，常に小型のメモ帳を持ち歩き，友人との会話の間でも面白い話に触れると「それは面白い」といって目を丸くしてメモをしていた．夜のコンパの席でも「それは使える」といっ

て鉛筆を走らせるのである．マスコミへの就職希望がそうさせたのかも知れないが，とにかくメモを取ることが一定期間習慣化していたのである．現在は異なる職業につき，メモの頻度は変わったと思われるが，メモの習慣は，相変わらず持続していることであろう．

　とにかくメモにしろノートにしろ，自らの手で行う作業である．いつ，何を，どのように記録するかも個人の判断による．したがって自らの好奇心や，課題の設定，必要性を感じなければ手が動きだし，メモをとることにはならない．小中学校時代のようにノート提出や点検があるわけではない．それだけにメモ・ノートを取る習慣化がまず必要となる．

　現代は教科書をはじめ，文献や辞書は豊富であり，いつでも簡単に手に入る．インターネットで検索すればすぐに必要情報が，質はともかくとして手に入る時代である．授業では親切すぎるぐらいの資料やコピーが配布されるものもあり，ますますメモ・ノートの必要性を感じ，メモを習慣化するには困難な時代といえよう．しかし，それは同時に情報氾濫の時代であり，自分に最適な情報，知識は自ら収集，蓄積，分類し，再編成することが必要な時代でもある．しかも自ら発言したり，論文を書いたりという情報発信には，自らの考えを自らの言葉で発信することが重要であり，そのためには，一層メモ・ノートが重要性を増しているといえよう（竹内，1980）．

　まずはメモ・ノートを取る習慣化がメモ・ノート術の出発点であり，基礎なのである．

2）再読・再整理

　メモ・ノートも取りっぱなしでは意味がない．多くの学生も少なくとも試験前には1度や2度はノートを再読し，試験の山を張ったりするのに利用するだろう．あるいは試験前には急に友人が増加し，ノートの貸し借りが頻繁に行われ，友人のノートをみて，使えるノート，わかりにくいノート，意味のないノートを評価しているに違いない．

　試験対策にノートを再読するのも情報や知識を確認するための重要な方法で

ある．しかしさらに重要なことは，ノートを再読しながら再整理，再編成することであろう．もちろんそれにはレポートを書くとか，論文を作成するとかの課題が必要である．あるいは自ら課題を設定して，ひとつのテーマについて考えをまとめるといったことも再読，再編成の目的となろう．

そうしたノートの再整理，再編成作業はその作業自体がある意味では創造的作業である．自らの発想，視点で，しかも自らの言葉で解釈，記述することになる．それによって初めて自分流のメモ・ノートになるのである．

そう考えるとメモ・ノートは知的活動の経過であり履歴に他ならない．大学時代に何冊ノートを作ったかは，まさに大学時代の重要な知的財産といえよう．

(2) メモ・ノートの手段の多様化

メモ・ノートをとる媒体・機器はますます多様化し，ますます電子化してきている．代表的なツールの長所・短所そして，最適な活用場面の比較は図表4－1のとおりである．

伝統的にはメモ帳やノートであり，携帯性もあり，いわゆる何でもメモでき幅広い活用が可能である．大きさも形も使用頻度や使用場所，情報量によって使い分けることが可能であり活用範囲は依然として広いといえよう．スケジュール管理を中心とする手帳もその一種といえよう．

講義や講演メモには大学ノート（A4サイズ）フィールドワークにはA5サイズが最適といえよう．

またカードもメモの媒体として広く活用されている．とくに梅棹忠夫『知的生産の技術』(1969) で紹介された「京大カード」は1970年代から80年代にかけて広く普及し，現在でも活用している者も多い．B6サイズ（128mm×182mm）で少し大きめであるが，研究や論文作成のための情報やアイデアを，1枚に1情報の原則でメモするには最適なサイズとされている．フィールドワークに使用するにはもう少し小さな75mm×125mmの市販カードも便利である．

カードの第1の良さは分類のしやすさである．しかし整理が悪いとバラバラ

図表4－1　メモ・ノートの手段と長所・短所

	長　所	短　所	最適活用場面
付箋	携帯し易い	情報量に難	一言メモ，目印
メモカード	携帯し易い，分類しやすい	離散しやすい	フィールド情報
ノート	保存しやすい，一目瞭然	分類に難	講義・講演・インタビュー
音声レコーダー	携帯し易い，長時間大量情報を正確に記録	音声情報のみ，再生に時間要	インタビュー，会議録
携帯電話	携帯し易い，マルチ情報，他者への送信容易	大量情報，一覧性に難	多用なフィールド情報
パソコン	加工・処理し易い，他者への送信容易	インプットに時間要，一覧性に難	再処理が必要な情報

になってしまいやすいのが欠点であるが，それを補うための整理箱やバインダー，ファイルも最近では販売されている．さらにカードとノートの良さの両立を狙ったのがシステム手帳といえようが，80年代から90年代には多くが使用していたが，最近ではPDAを活用する者が多い．

さらに目印のみならず一言メモのツールとして貼ったり，剥がしたりができる付箋も便利な媒体である．伝言や，すばやく簡単なメモには最適である．

そしてメモ用の電子機器として会議やインタビューでの音声情報のメモ，記録のための音声レコーダー（ICレコーダー），音声から映像情報や文字情報のメモにも幅広く使用できる携帯電話などのモバイル機器，そしてインプットには若干の時間を要するが後の処理が簡単なパソコンなどもある．

それぞれの特徴を生かしながら，室内か野外で使用するかによっての使い分けや自らの好みによって最適な方法をみつけることが必要である．苦労なく簡単，迅速にメモ・ノートを取り，継続できる自らのツールを定めることが必要であろう．

メモ・ノートのもうひとつのツールとしてシャープペンやボールペンそして蛍光ペンなど，こちらも実に多様なものが販売されてきている．それぞれの色

による使い分けによって幅広い表現や分類が可能である．

(3) メモ・ノートの取り方
　1) 余白を残して
　メモ・ノートをとり始める際は，途中で追加記入する情報が出てきたり，追加の図解や，他の項目との関連づけをするためにも十分余白スペースをとって記入することが必要である．書き詰めてしまうとまったく追加や修正ができなくなってしまうので，紙面を勿体がらずに余裕を十分とって書き進める．
　2) 記号，図解も活用し
　メモやノート短時間でスピーディーに記入することが求められるので，速記が可能なように自分なりの略号や記号を使う工夫も求められる．後からでも理解しやすいように図解や関連づけにも心がける．
　3) カラフルにわかりやすく
　わかりやすさが第一で，読書の際と同様にメモ，ノートをとる際もカラーボールペンやマーカーで立体的に記入する．
　4) 出所は正確に
　メモにしろノートにしろ，記入した情報の出所や年月日，場合によっては場所を正確に記入しておかないと，後でレポートや論文に引用，活用しにくくなる．

3. 読書メモ・ノート

(1) 読書の基本
　1) 帯，はしがきのチェック
　本文をいきなり読み始める学生も少なくない．まずはタイトル，サブタイトルを改めて確認し，帯に書かれた内容を確認し，その本に書かれている主題，テーマその特徴をつかむ．そして，「はじめに」と「結び」に目を通すことも本の概要を知るうえで重要である．はじめには著者の問題意識や論述の視点や

特徴が述べられている．また結びには結論や著者の疑問点や今後の研究課題が書かれていることも少なくない．そうしたことでテーマとその結論，さらには他の視点，立場やその主張や，それに対する反論や今後の研究課題についても触れられている．そうした作業を通じてこれから読む本の概要，ポイントを理解することができ，読む心構えができるのである．

2) 目次，索引のチェック

そしてつぎに目次に目を通す．著者の主張がどのような手順で述べられるのか，そしてキーワードや著者独自の概念などを目次を通じて知ることができ，通読する場合でも，どのあたりをとくにじっくり読み込む必要があるかも把握することができる．

また索引をチェックし，どのような用語が重視されているか，とくに索引の中でも多くのページに登場する概念，用語は著者が非常に重視しているものであり，重点を知ることができる．前述したように部分読みの場合は索引を足がかりに読むべき箇所を選択することにもなる．

3) 著者略歴の把握

さらに本文に入る前に著者の略歴やバックグラウンドを頭に入れることも忘れてはならない．どのようなキャリアやバックグランドをもっているかを理解することによって著者の主張をより的確に把握できるし，そのキャリアが反映している箇所を選択し，重点的に読むこともできる．さらに経歴等を知ることによって親しみをもって読み進めることができる．

(2) 読書法の区分

読書は楽しむための読書と研究・情報収集等のための読書に大きく区分されよう（紀田，1975）．小説を読んだり，趣味の雑誌をみたりの楽しむための読書術はここでは省くことにしたい．

研究・情報収集のための読書も図表4-2のような区分ができる．

まず本全体をはじめから終わりまで読み通す通読か，一定の章とか，一定の

図表4-2 読書法の区分

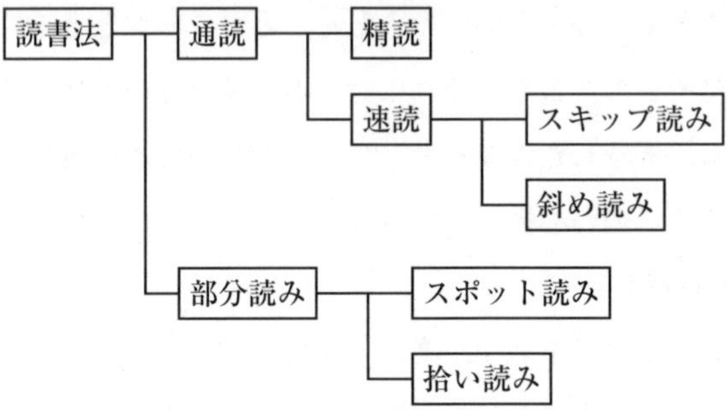

```
読書法 ─┬─ 通読 ─┬─ 精読
        │         └─ 速読 ─┬─ スキップ読み
        │                   └─ 斜め読み
        └─ 部分読み ─┬─ スポット読み
                     └─ 拾い読み
```

部分のみを読む部分読みかに区分することができる．その判断は課題に本全体が関連していれば通読し，課題に関連する記述が，ある部分に限定されていれば部分読みになるであろう．

そして通読にも，時間をかけて，細部や言葉にも着目し熟読する精読とスピーディーにポイントを押さえて読む速読に区分される．ビジネス界ではとくに多くの本を短時間で読了する多読が求められ，速読への関心が高く，さまざまな速読法が開発されてきている．

大学生にとっては基本や本質の理解のために，古典や重要文献の精読が重要視されている．外書講読は，不明な単語を辞書で調べ，理解している単語も再確認したうえで文章を翻訳し，さらに文脈等から文章全体を意訳する，まさに熟読・精読である．すなわち，一つひとつの概念を厳密に考察し，熟考する読書法であり，一定テーマや課題を理解，考察するうえでは貴重な読書法ということになろう．

また大学生にとっては，特定テーマの研究・論文作成には速読も必要であり，速読法の訓練も必要となろう．そのひとつがスキップ読みであり，本の主旨や大意，概要を把握するために重要と思われる概念・用語に着目し，他の部分はスキップする速読法である．

また斜め読みとよばれたり，フォトグラフィック・リーディングとか，アナログ速読法などともよばれるものは，一つひとつの用語や文章に焦点を当てる

のではなく，段落全体を視野に納め，全体の概要を抑えるような読み方である．

　一方の部分読みも精読か速読かの区分はあるが，本の一定部分のみを抽出して読むスポット読みと，関連する何箇所かを取り出して読む，拾い読みに区分されよう．部分読みの箇所をどこにするかは斜め読みの通読によって判断するのが一般的といえようが，重要用語の索引から関連ページを選択して，その部分のみを読む場合もある．

(3) 読書メモ・ノート術

　読書の際に鉛筆を使って，重要と思われる箇所に線を引いたり，マーカーで印をつけたり，あるいは付箋をつけて重要な箇所を明示するのが一般的といえよう．さらに最近では3色ボールペンを使い「大事なところに青線」「すごく大事なところに赤線」「面白いと感じたところに緑線」を引く有用性が主張され，関心を高めている（斉藤孝，2002）．

　そうして読了した本の内容や所感をカードやノートに記したものが読書カードや読書ノートである．それはメモ備忘録としてばかりではなく，後にレポートや論文の貴重な資料ともなることを意識することが求められる．以下のような点がとくに重要ポイントとなろう（紀田，1975）．

1）書名等は正確に

　誰が書いた，どんなタイトルの本，そしてメモの記入年月日はまず必須事項であるが，引用時に必要な出版社名，発行年も正確に記入しておく必要がある．ついでの著者のバックグラウンドや関連書籍名を書いておくと後に便利なこともある．

2）要旨のまとめ

　読書後に読み返し，付箋やアンダーラインやマークした箇所を追いながら全体の要旨を整理することが第1の作業といえよう．とくに重要な主張の箇所については原文を転記しておくことにより，レポートや論文作成時に引用することができる．その場合はページ数も忘れずに記入しておくことが重要である．

3) 要点の抽出

特定の課題をもって読書した場合は，その課題に関連した要点を自ら記したアンダーラインやマーク，そしてキーワード等を足がかりに抽出し，整理する．この場合も重要な著者の主張は原文を転記することも重要である．

4) 疑問点・反論の整理

読んだ本にマークしり，本の隅に書き込んだ疑問点や反論について整理しながら転記する．その後，疑問点を調べたり，反論に関連する文献などの内容を付け加え，その論点を明確にする．

5) 所感，評価，更なる検討課題の記入

読書ノートの最後の自分の客観的な所感や評価，さらに検討，考え方を深める課題などを記入し，その後の研究・検討課題を明示しておく．

4. 授業ノート

(1) 主体的，能動的な授業参加のために

1) まずノートをとる

「あなたは，現在，授業にどのように臨んでいますか」．実は大学の単位は正式には授業の90分以外に予習，復習の120分の学習時間を織り込んで設定されている．しかし，今や大学生にとって予習，復習は死語に近いのではないだろうか．それどころか中核の学習時間である授業でさえ，居眠り，雑談，小説を読んだりも少なくない．それならば授業に出なければ良いが，そうした学生の多くは，出席点を稼ぎたいために教室に足を運ぶ．だとすればノートどころの話ではない．

しかし，はじめはまじめに授業に参加しようと思っても，ついつい眠くなってしまう，すぐ飽きてしまうというのが本音かもしれない．そうした人にこそ是非，ノートを取ることの習慣化を薦めたい．

ノートをとるとすれば，少なくとも今何を話しているかに集中しなければならない．そして話の内容をノートすることになり眠気も，飽きも解消される．

言い換えれば，ノートをとることは授業に参加するスタートであることを再認識したい．

2）脳の刺激と記憶強化

ノートをとる作業は単に講師の話を聴覚で聴くだけでなく，姿やジェスチャーを視覚でみる作業でもある．さらにノートをとることは手を動かす作業であり，体でも講義を聴くことになる．脳も体も刺激することになり，そうした行動を通じて一層記憶は強化されるのである．

また，その日の授業のテーマに関連するさまざまな情報や知識が思い出されてくる．TVや新聞のニュースであったり，読んだ本や雑誌の記事が思い出される．さらに他の科目の授業の内容も気になってくる．そうした思い出したこともノートに書いておけば，情報の再整理，集約へつながり，理解が深まるばかりでなく，授業が面白くなるのである．

現在の大学の授業は個々の科目が一層専門，深化してきている．そのため学生にとっては，授業と授業の関連性，位置づけ，そして全体の体系がつかみにくい．大学側も何とか体系的理解，カリキュラムの全体像の理解に注意はしているものの，個々の科目の関連づけ，体系的理解は学生に任されているのが実態である．少しでも科目間の関連づけがわかればそれぞれの授業は面白くなり，理解も深まることになる．その基礎になるのが授業ノートに他ならない．

(2) 授業ノート術の5段階

1）自分のノートづくりを目指して

「筆記用具をもたない者は学生ではない」「学ぶとはメモから始まる」．授業にはぜひノートと筆記具をもって参加してほしい．まずはそれが授業ノートの大前提であり，ノート術の0段階である．ここでは図表4－3のように5段階に区分してノートのとり方を検討する．最終の5段階を目指して自らのノートを進化させてほしいものである．

第1段階は，提示内容を写すだけである．小学生段階ともいえようか．講師

が板書したこと，書きなさいといったことのみをノートに記入する．確かに重要なことは板書する傾向はある．しかし同音異義語で誤解されやすいから板書したり，講師が文字を確認するために板書する場合もあり，必ずしも要点とは限らない．しかも大学の講師は何を板書すべきか，どのように板書すべきかといった授業も訓練も受けていない．それが高校までの先生との大きな違いである．したがって板書を写しただけのノートをみても，授業の内容は多分理解できないであろう．

　第2段階は，授業の要点，重要なポイントのノートである．重点，ポイントを把握するためには講義の流れ，内容を理解しなければならない．それを精緻なものにするためには教科書や参考文献の予習や，復習も必要となろう．また授業に集中し，強調点，主張点を判断することも求められる．

　第3段階は，疑問，発想の追加である．授業を聞いていて不明な点，疑問に思ったこと，さらには新たな発想や考え方，反論など頭に浮かんだことをメモする．この段階は受身の授業参加から主体的な授業参加への転換でもある．講義の内容を足がかりに，さまざまな視点，発想，考え方を刺激し，考え方を深めることにつながる．

　第4段階は，調査結果の追加である．第3段階で追加記入した不明な点，疑問点を質問したり，自ら調べたりして追加記入する．さらには新たな発想，別の考え方や反論を，他の文献を読んだり，友人と議論するなどして，その要点をノートに追加記入することである．この段階まで来ると，まさに自分のノートになる．

　そして最終の5段階は，自らの発想，考え方にしたがって，その授業のテーマについての考え方，ポイントを再整理するものである．テーマについて自らの視点からのまとめでもある．ノートの完成段階といえよう

　2）年月日，テーマを忘れずに
　ノートの最初には年月日とその日のテーマを書くことも重要である．いつの時点で記入したのか，何のテーマについての授業なのかは最低限必要な情報で

図表4-3 ノート術の5段階

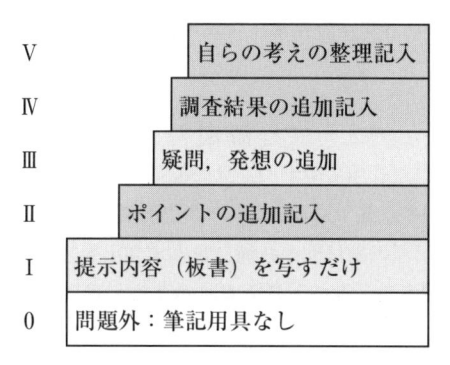

V	自らの考えの整理記入
Ⅳ	調査結果の追加記入
Ⅲ	疑問,発想の追加
Ⅱ	ポイントの追加記入
Ⅰ	提示内容(板書)を写すだけ
0	問題外:筆記用具なし

ある.またテーマを記入することは,その時間の焦点を明確化することであり,その日の授業ノートの羅針盤になり,ノートの内容は,そのテーマに収斂することを心がけることになる.

さらに授業中に紹介された参考文献や,自分で追加記入するときに利用した書籍等の著者名,書名,出版社名,発行年を正しく記入しておけば,後に再調査しようと思ったときに容易に,その文献にたどりつける.とくに一定の文章を引用メモした場合はページ数も明記しておけば,レポートや論文に使用する際にも便利である.

演・習・問・題

問1 あなたのメモの取り方について課題を3つ挙げてください.
問2 あなたの読書の仕方の特徴はどんなことですか.
問3 あなたの授業ノートは5段階のどの段階にありますか.そして今後,是非挑戦したいのは,どんなことですか.

参 考 文 献

紀田順一郎(1975)『現代読書の技術』柏書房
斉藤孝(2002)『三色ボールペンで読む日本語』角川書店

竹内均（1980）『私の知的鍛錬法：きれっぱしからの発想』徳間書店
梅棹忠夫（1969）『知的生産の技術』岩波書店

―――――――《推薦図書》―――――――

1. 本田尚也（2002）『仕事で差がつくメモ術・ノート術』ぱる出版
    メモ・ノートの意義や基本テクニックなど総合的な解説.
2. 二木紘三（1999）『図解勉強の技術』日本実業出版社
    メモならず調べる・読む・覚える・考える・表現伝達する，学習する技術を解説.
3. Fry. R.（1994）*Take Notes*, The Lois de la Haba Agency, Inc.（金利光訳『アメリカ式ノートのとり方』東京図書，1996 年）
    学生のために書かれたノート・メモの取り方の基本テキスト.
4. 西林克彦（1997）『わかったつもり：勉強力がつかない本当の原因』光文社
    読んで「わかったつもり」になることからの脱出を理論的に解説.
5. 妹尾堅一郎（2002）『読む技術：情報の解読と解釈』ダイヤモンド社
    情報，図表，統計，新聞，専門書，百科事典，年表，ウェブサイト，学問と理論の読み方を総合的に提示した必読書.

第Ⅲ部
情報検索と調査・分析

- 第Ⅰ部 経営を楽しく学ぶ
- 第Ⅱ部 聴く,メモる,話す
- 第Ⅲ部 情報検索と調査・分析
  - 第5章 情報検索の方法
  - 第6章 調査法
  - 第7章 データの読み方・分析法
- 第Ⅳ部 レポート・論文・プレゼンテーション
- 第Ⅴ部 考え方,問題解決法

経営の学び方

第5章の要約

　情報とは,「判断を下したり行動を起したりするために必要な,種々の媒体を介しての知識」（広辞苑）のことであり,あらゆる場面において欠くことのできない,きわめて重要なものである.情報化社会といわれる今日,膨大な量の情報が蓄積され,しかも日々増加を続けているが,インターネットの普及はそれらの情報に対して,容易に接することを可能とした.しかし,もっとも大切なことは,目的に合った信頼性の高い情報を手に入れることである.つまり,情報が増えれば増えるほど,大量のデータの中から必要とする情報を検索することの重要性が高まることになる.

　具体的な情報を得るための主要な媒体にはインターネットと図書館がある.インターネットは有益なツールであるが,特定の分野を体系的に理解するためには,図書館に所蔵されている文献や学術論文などの資料に接することが欠かせない.しかし,インターネット上や図書館に有用な資料があるとしても,それを探し出すことができなければ意味のないものとなってしまう.

　本章の目的は,インターネットや図書館から目的の情報を検索するための方法を中心に学ぶことである.はじめに情報検索の基礎的事項を解説したうえで,情報検索の主要なツールであるデータベースとサーチエンジンの活用方法を紹介する.なお,本章で紹介するサイトのホームページアドレスや検索可能な情報の収録数,ヒット数などの数値は2005年7月末のものであることをご承知おき願いたい.

第5章　情報検索の方法

1. 情報検索とは

(1) 情報検索の手段

　情報検索とは，検索者が検索システムを利用して必要な情報を取り出すことである．インターネットから情報を検索する場合の主要な検索システムには「データベース」と「サーチエンジン」があり，主にこのどちらかを利用することにより，必要な情報を探しだすことになる．

　データベースとは，図書データや学術論文，新聞，特許などの情報をデータベース化し収録したものである．身近なところでは図書館の図書検索システムがわかりやすいであろう．サーチエンジンとは，Yahoo! や Google といった企業や政府，官公庁，個人などが開設している Web ページを検索するシステムであり，インターネットの利用経験があれば，ほとんどの人が目にしているだろう．サーチエンジンは手軽で便利なものであるが，インターネットに蓄積された情報のすべてを検索できるわけではない．データベースを見つけることができても，その中身を検索することはできないということである．たとえば，サーチエンジンによって図書館の図書検索システムのトップページまではたどり着くことができても，その図書館に所蔵されている文献までを探すことはできない．

　インターネットから情報を検索するには，これら2つの検索システムを必要に応じて適切に使い分ける必要がある．

(2) 情報検索の基本

　情報を検索する場合，データベースであれサーチエンジンであれ，キーワードやタイトル，人名といった検索語を入力する必要がある．検索語がひとつの場合は問題ないが，複数の検索語を用いる場合は，多少の注意が必要となる．情報検索において複数の検索語を組み合わせることを「演算」とよぶ．ここで

第5章 情報検索の方法

図表5−1 論理演算の例

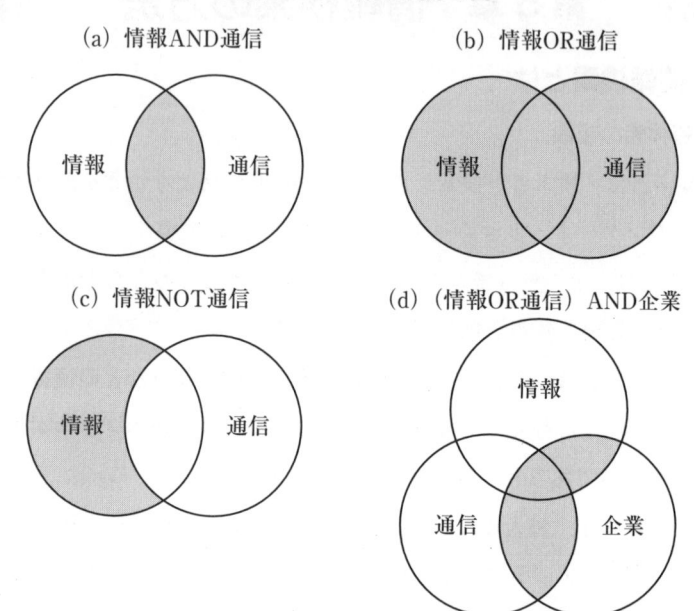

(a) 情報AND通信

(b) 情報OR通信

(c) 情報NOT通信

(d) （情報OR通信）AND企業

は，論理演算を中心に説明する．

　複数の検索語による検索を行う場合の条件は，「AND 検索」「OR 検索」「NOT 検索」の3つが基本となる．AND 検索とは論理積，OR 検索は論理和，NOT 検索は論理差ともよばれる．

　個別にみると，AND 検索は指定した検索語を含むコンテンツを検索するもので，図表5−1(a) に示すように，たとえば，検索語に「情報」と「通信」を用いた場合，「情報」と「通信」の両方のキーワードが含まれるコンテンツが検索される．つぎに，OR 検索は検索語のいずれかを含むコンテンツを検索するもので，(b)のように「情報」と「通信」のいずれかのキーワードを含むものが検索される．NOT 検索は指定した検索語を含まないコンテンツを検索するもので，(c)のように「情報」は含むが「通信」を含まないものが検索される．また，これらは組み合わせることが可能で，(d)に示すように「情報」と「通信」のいずれかのキーワードを含み，かつ「企業」というキーワードを

含むといった検索もできる.

　演算にはこうした論理演算の他に，近接演算や比較演算といった方法もある．近接演算とは検索語の位置関係も考慮に入れた演算である．たとえば，AND 検索では「情報 AND 通信」と「通信 AND 情報」で検索しても結果は変わらないが，近接演算の場合は，検索語の順序も問われることになる．また，比較演算とは，たとえば出版年などの数値について「=」「<」「>」などの記号を使って，その大小を検索するものである．

　なお，検索システムによって，論理演算に用いる記号が異なることに注意が必要である．記号については，検索システムの利用方法などに記されているので参考にしてほしい．

2. データベースの活用

　何かを知りたい場合，また学びたい場合，インターネットによってその内容に関連する Web ページを閲覧することは，容易な方法であろうが，しかし，ある分野を体系的に学びたい，深い知識をつけたいといった場合には，文献や学術論文などの資料に接することが欠かせない．情報化が進む今日であるが，それらを所蔵する図書館の重要性が失われることはない．しかし，どのように有用な資料が存在しようとも，それを的確に見つけ出し，閲覧することができなければ，意味はなくなってしまう．

　本節では，資料を識別し特定するために必要な「書誌情報」や，それがどこにあるかという「所蔵情報」を検索するためのデータベース活用方法を中心に解説することとする．

(1) 蔵書の検索方法

　まず，図書館にある蔵書の検索方法について説明を行う．以前は，図書館に備え付けの端末から検索を行ったものだが，最近では，図書検索システムをインターネットに公開している場合が多い．大学や公営などの比較的大きな図書

館で利用されている図書検索システムをOPAC (On-line Public Access Catalog) とよぶが，これをインターネットに公開している図書館は，日本国内図書館OPACリスト（ホームページアドレスは図表5-2参照）から確認することができる．

　検索方法として，国立国会図書館が運営するNDL-OPACの一般資料の検索を例に説明する．検索画面には「タイトル」「著者・編者」「出版者」「出版年」などの検索フィールドがあり，そこに検索語を入力して検索を行うが，これらの検索フィールドすべてに入力を行う必要はなく，またタイトルのみの入力を行う場合でも，タイトルをすべて入力する必要はない．たとえばタイトルに「経営学」と入力して検索を実行すると，タイトルの中に「経営学」の文字が含まれる図書が検索される．これは，著者・編者や出版者なども同様である．

　タイトルや著者・編者による検索には，論理演算（本章1.参照）を用いることもできる．「AND」または「OR」を選択し，キーワードの間にスペースを入れて検索するか，「演算子」を選択し，演算子を入力して検索する．ただし，演算子を入力する場合は，AND，OR，NOTをそのまま使うのではなく，ANDの場合は「&」，ORの場合は「＋」，NOTの場合は「！」に置き換える必要がある．なお，近接演算はできないが，比較演算については，出版年を指定することにより，容易に利用できる．

　これらに加えて，部分一致検索も可能となっている．部分一致検索とは，検索語の前方一致，後方一致，完全一致を指定するもので，「／」（スラッシュ）を使用する．たとえば，前方検索では，タイトルに「／経営学」と入力して検索すると，経営学入門，経営学全集，経営学概論といった，タイトルの前方に「経営学」がつく図書が検索される．同様に，後方検索では「経営学／」で検索すると，基礎経営学，現代経営学といった図書が検索される．完全一致の場合は「／経営学／」と入力する．この方法は，著者・編者や出版者においても利用することができる．なお，演算子の置き換えなどの検索方法については，図書館ごとに異なる場合があるので，利用するOPACの利用方法を確認して

ほしい.

(2) 横断検索の利用

　国立国会図書館のNDL-OPACで検索することができた図書であっても，それが在籍する大学や自宅，職場などに近い図書館に所蔵されているとは限らない．もちろん，国会図書館に出向いて閲覧することはできるが，地方在住の場合は現実的ではないであろう．しかし，その場合でも，他の図書館に所蔵されているならば，図書館相互利用という制度により，他大学の図書館を利用することができるし，図書館相互貸借という制度により，他の図書館にある図書を取り寄せることもできる．こうした場合，他大学や他地域の図書館の蔵書を検索することになるわけだが，日本国内図書館OPACリストから一つひとつの図書館のOPACにアクセスし，検索を行うには大変な手間がかかってしまう．こうした場合，Webcat Plusを利用すると容易に検索が行える．Webcat Plusとは，国立情報学研究所が運営する図書検索システムで，大学図書館の蔵書を横断的に検索することができ，在籍する大学の図書館に所蔵されていない図書であっても，他大学に所蔵されているならば，その所在地を容易に検索することができる．

　また，Webcat Plusには「連想検索」という便利な機能があり，タイトルや著者名がわからなくとも，探したい文献の内容をキーワードではなく文章（検索文）として入力することにより，その内容に近い文献を検索することができる．たとえば，「起業に成功した人の体験談」と入力すると，起業の成功事例集や起業を成功させるための方法といった文献が検索できる．さらに，そこでみつかった文献の目次もみることができるし，文献を所蔵する図書館も確認できる．この機能は，大まかな考えから該当する文献を探すうえで，有効な機能といえよう．

　公共図書館の横断検索は，Jcrossにより行うことができる．検索が行える図書館数は107と多くを網羅している訳ではないが，利便性は高い．もっとも，

Webcat Plus は所蔵する図書情報について全国の大学図書館が共同で作成している「総合目録データベース」をもとに所蔵図書館の検索を行っているのに対して，Jcross はそれぞれの図書館の OPAC に対して，検索実行時点で直接検索をかける簡易的な検索方法をとっている．

なお，目的の文献を購入する場合は，書店だけでなく，amazon.co.jp などのインターネットサイトを利用する方法もある．近くに大型書店や専門書店がない場合でも，専門書や洋書などを容易に入手することができる．amazon.co.jp の場合，購入金額が 1,500 円以上ならば送料が無料となるので，遠方の書店に出向く手間を考えると利便性が高い．また，同サイトでは在庫がなかったり絶版となったりしている文献であっても，古本として入手できる可能性がある．

(3) 学術論文の検索

これまでは，文献の検索方法について説明を行ったが，ここからは学会誌や大学等で発行される研究紀要などの学術誌に掲載されている論文の検索方法を紹介する．学術誌に掲載されている論文は，審査を通ったものであるため信頼性が高く，大学生であれば，たとえば卒業論文を書く場合など，先行研究としてこれらの論文を閲覧することが求められるであろう．

しかし，一般の OPAC や Webcat Plus では学術誌そのもののタイトルを検索することはできても，その中に収められているそれぞれの論文のタイトルや著者までは，検索することができない．それを検索するには，学術誌のデータベースを利用することになる．ここでは，国立国会図書館 NDL-OPAC の雑誌検索が役に立つ．先に紹介した NDL-OPAC の「雑誌記事索引の検索」を利用することにより，雑誌記事索引検索が行える．ここには，国内の学術誌と総合誌を中心に，約 15,700 誌が収録されている．論理演算などの検索方法は，NDL-OPAC の一般資料の検索とほぼ同じ方法であるので，本章 1. を参考にされたい．

検索の結果，探したいテーマと一致した論文がみつかれば，基本的には在籍

する大学の図書館などでその論文が収録されている学術誌を閲覧することになるが，国立国会図書館では複写サービスも行っている．これは，在籍する図書館に該当の学術誌が所蔵されていない場合などに有用なサービスである．複写料金と送料がかかるものの，複写料金は1枚（A4またはB4）あたり24.2円と，国立国会図書館に出向いてコピーを行う手間を考えれば，安価である．もっとも，この複写サービスは一般図書に対しても行われているサービスであるが，一般図書に比べてページ数が限定される論文に対して利用するのが現実的といえよう．

(4) 電子ジャーナルの利用

　学術雑誌は，図書館で閲覧するだけではなく，電子ジャーナルにより，インターネット上で閲覧することもできる．電子ジャーナルとは，学術論文や学会発表などの内容をインターネットからPDF形式や各種画像形式などでみることができるものである．電子ジャーナルは自然科学系の分野のものから進展してきたが，最近は，社会科学系や人文科学系の分野においても，だいぶ充実してきたといえる．国内における社会科学系や人文科学系の分野の学会誌や研究紀要などの電子ジャーナルとしては，国立情報学研究所が運営するCiNii（サイニイ）の収録件数が多い．CiNiiは論文データベースを提供している複数のデータベースを収録しており，収録件数約920万件のうち約210万件の論文内容を閲覧することができる．CiNiiでは，論文名や著者名，雑誌名などについて，AND，OR，NOTを用いた論理演算により検索を行うことが可能である．

　なお，CiNiiは論文の検索や一部本文の利用は無料だが，利用登録が必要な有料コンテンツが含まれる．しかし，多くの大学の図書館では利用契約を結んでおり，在籍する大学の図書館のホームページからログインすれば，無料で利用することができる．また，国立情報学研究所ではCiNiiやWebcat Plusのほかに科学研究費成果公開サービス，学術研究データベース・リポジトリを連携させたGeNiiを2005年4月より運用しており，これらのコンテンツの総合的

図表5－2　本節で紹介したサイトのホームページアドレス

日本国内図書館 OPAC リスト	http://ss.cc.affrc.go.jp/ric/opac/opaclist.html
国立国会図書館 NDL-OPAC	http://opac.ndl.go.jp/
Webcat Plus	http://webcatplus.nii.ac.jp/
Jcross	http://www.jcross.com/
CiNii	http://ci.nii.ac.jp/cinii/servlet/CiNiiTop
GeNii	http://ge.nii.ac.jp/genii/jsp/

な検索も可能となっている．

　論文検索データベースや電子ジャーナルは本節で取り上げた以外にも多数存在する．有料のものもあるが，大学の図書館経由で利用すれば，無料で利用できるものも多い．また，これらは国内よりも海外で発達している．多くの大学の図書館のホームページには，国内だけでなく利用可能な海外の論文検索データベースや電子ジャーナルへのリンクがある．これらを有効に活用しよう．

3. サーチエンジンの活用

(1) サーチエンジンの概略

　本節では，Yahoo! や Google といったサーチエンジンの概念を解説したうえで，企業・業界情報の収集方法を中心に学びたい．

　サーチエンジンとは，Web ページの情報について分野を限定せずに収集し，それらを文字列によって検索するシステムである．学術論文の検索や資料の所蔵情報に関しては，本章2.で述べたようにデータベースの利用が有効であるが，たとえば政府や官公庁，シンクタンクなどが提供する情報，企業・業界情報，時事情報，ニュースなどを収集するうえで，サーチエンジンは有用なシステムである．

　サーチエンジンは，主にディレクトリ型とロボット型の2つに分けることができる．

　ディレクトリ型とは手作業によって Web サイトをカテゴリ別に分類し，それを階層構造にした検索システムである．階層をたどって検索することができ

るため，初心者にもわかりやすいといえる．また，Webページの内容に関する確認が行われ，信頼性の低いページは除外されているので，そこに登録されているページは，比較的信頼度の高い情報としてとらえることができる．しかし，収集と登録の作業を人手によって行うため，そこから利用できるWebページの数はロボット型に比べて限定されることになる．

　ロボット型とはWebページに含まれる情報の収集や索引ファイルの作成をプログラム（検索ロボット）によって自動的に行う方式であり，多くのサーチエンジンはこのタイプを採用している．人手ではなく自動で収集が行われるので，情報量が非常に多く，広い範囲からの情報検索に適している．しかし，Webページの情報の質に問題があるものも含まれるし，カテゴリ別の分類ができないといった問題点もある．

　このように，ディレクトリ型とロボット型のどちらの方式にも一長一短があり，検索する目的によって，どちらを使うかは，または併用するかを選択する必要がある．

(2) サーチエンジンによる検索

　サーチエンジンの活用方法をYahoo!とGoogleを例にみていく．まず，Yahoo!はディレクトリ型サーチエンジンの代表といえる検索エンジンで，「Yahoo!カテゴリ」という各分野に渡る豊富なカテゴリをもっている．このテーマごとに分類された階層構造のカテゴリをたどることにより，目的のWebページを目指すものである．たとえば，Yahoo!カテゴリの「各種資料と情報源」のサブカテゴリである「図書館」を開くと，さらに下位のカテゴリとして「地域別」「オンライン図書館」「学校図書館」「公共図書館」「国立図書館」「専門図書館」などがある．この中から，自宅の近くにある図書館を探したいならば「地域別」を開き，「都道府県」を選択し，「公共図書館」と「大学図書館」の別を選択することにより，目的の図書館のWebページにたどり着くことになる．こうした上位の分類から下位の分類へと階層的にカテゴリを選

択していくカテゴリ検索は，初心者でも目的に近いWebページを容易に検索することができる．

またYahoo!は，カテゴリ検索の他にキーワード検索も行うことができるが，キーワード検索の結果には注意が必要となる．Yahoo!には「登録サイト」と「一般サイト」があり，登録サイトとは手作業でカテゴリ別に分類されたWebページのことであり，信頼性が高く，一般サイトとは検索ロボットにより収集されたWebページのことで信頼性はわからない．検索結果には，主に「Yahoo!カテゴリとの一致」と「Yahoo!登録サイトとの一致」「ページとの一致」に区分けがされている（その他に「Yahoo!サービスとの一致」や「スポンサーサイト」の区分けもあるが，この2つは省略する）．「Yahoo!カテゴリとの一致」とは，キーワードがテーマごとに分類されたいずれかの階層のカテゴリと一致するものであり，「Yahoo!登録サイトとの一致」とは，手作業で登録されたWebページそのものと一致するものである．これに対して「ページとの一致」は，キーワードが検索ロボットによって収集されたWebページを指すものである．

一例として「経営学」をキーワードに検索を行うと，「Yahoo!カテゴリとの一致」が4件，「Yahoo!登録サイトとの一致」が375件ヒットする．「Yahoo!カテゴリとの一致」の「経営学」カテゴリを選択すると，さらに下位のカテゴリにつながり，目的のページに近づくことができる．このように，大まかなキーワードで検索を行い，そのカテゴリから目的のページを探すのもひとつの方法である．

つぎに，ロボット型サーチエンジンの代表であるGoogleは80億以上のWebページが登録されており，世界でもっとも利用者が多いとされるサイトである．登録ページが多いだけに，単一のキーワードで検索を行うと，検索結果が非常に多くなってしまう．たとえば「経営学」をキーワードに検索すると，80万件以上の結果が表示される．また，ロボット検索の場合，検索結果の表示順序は適合度や更新日時，他サイトからのリンクの数などから自動的に算出される

ランキングによって決まる．「経営学」をキーワードとして検索した場合，最初に表示されるのは「お笑い経営学」という掲示板であり，学問的なものとは程遠い．このように，ロボット検索は膨大な登録ページがあるものの，単一のキーワードでは目的のページにヒットすることは少ないので，複数のキーワードを組み合わせたり，論理演算検索やフレーズ検索なども活用したりすることが必要となるなど，初心者にはややむずかしい面もあるが，検索技術を身につければ，情報検索に非常に有用なツールとなる．ディレクトリ型，ロボット型双方のメリットを活かした検索を心がけてほしい．

(3) 企業・業界情報の収集方法

　本書は，大学生を主要な読者として想定している．経営学を学ぶための基礎とするためにも，また卒業後の就職先を選択する判断材料とするためにも，日頃からビジネスに関する情報などに多く接して，企業や業界に関する知識を身につけることは大切なことである．そのための手段として，サーチエンジンをはじめとするインターネットは有用なツールといえる．そこで，ここでは，インターネットによる企業・業界情報の収集方法を学ぶ．

　サーチエンジンの多くには，ニュースが掲載されており，たとえばYahoo!の「トピックス」を開くと，通信社や新聞社から配信された最新のニュース記事をはじめ，テレビ局のニュース映像や雑誌掲載記事に至るまで閲覧することができる．さまざまなカテゴリに分類されているが，個々に掲載される経済関係の記事を継続して読めば，ある程度の経済の動きが理解できよう．興味がある内容であれば，そこからリンクをたどって関連するサイトをみることもできる．

　また，シンクタンクのホームページには，主に経済に関するさまざまなレポートが掲載されており，その多くは，無料で閲覧できる．Yahoo!で「シンクタンク」をキーワードに検索を行えば，カテゴリとして表示されるので確認してほしい．これらを継続的に行うことにより，さまざまな関心が深まるはず

である.

　さらに，サーチエンジンは個別の企業に関する情報も提供している．Yahoo!から「ファイナンス」「企業情報」の順でカテゴリをたどると，約4,000社の上場企業が業種別に区分され，すべての企業の決算や企業情報をみることができる．たとえば，「電力・ガス業界」をみると，10社の電力会社と，13社のガス会社，2社のエネルギー関連会社が上場されており，それらの企業の決算情報などもわかる．特定の企業に興味をもったなら，それらの企業のホームページにアクセスすることを心がけよう．上場企業のホームページには，企業によって表記の仕方は異なるが「企業情報」「IR情報」「株主・投資家の皆様へ」などといったページがある（サイトマップで確認するとわかりやすい）．そこには，詳しい決算内容や財務諸表はもちろん，経営計画などの多くの情報がある．それらをすべて確認することは労力のいる作業であるが，多くの企業は，「決算説明会資料」を公表している．これには，その企業の方向性や業界の全体像がわかりやすく示されている．

　関心をもった企業や業界に対しては，日経4紙（日本経済新聞・日経金融新聞・日経産業新聞・日経流通新聞）の過去の記事を検索できる「日経テレコン21」からの情報を得ることも勧められる．これは1975年以降の記事をみることができるもので，基本的には有料であるが，多くの大学の図書館からログインすれば，無料で利用できる．もちろん，ここにも膨大な量の記事が存在するので，これまでに述べた検索方法にしたがって，記事を絞り込む必要があるが，検索に慣れれば，業界の動向や戦略，特定の企業の業界での評価などの有用な情報を比較的容易に得ることができる．

　インターネットにはあらゆる分野に渡る膨大な情報が存在するが，それを有益なものにできるかどうかは，適切な情報検索を行えるか否かによるところが大きい．正しい考え方と手法のもと，情報検索に取り組むことが求められよう．

演・習・問・題

問1 データベースやサーチエンジンで複数の検索語を組み合わせて検索を行う場合の条件である論理積，論理和，論理差について説明しなさい．

問2 データベースを活用し，現在もっとも興味がある学術分野に関する先行研究を検索しなさい．

問3 特定の業界を選択したうえで，Web上からその業界に関する動向や戦略，展望などの情報を取得し，それらを集約しなさい．

参考文献

藤野幸雄ほか（1997）『図書館情報学入門』有斐閣

藤田節子（2002）『新訂図書館活用術』日外アソシエーツ

情報科学技術協会（2000）『情報の管理と検索』情報科学技術協会

緑川信之（2004）『情報検索演習』東京書籍

三輪眞木子（2003）『情報検索のスキル』中央公論新社

長尾真監修（2001）『大学生と「情報の活用」』（増補版）京都大学図書館情報学研究会

根岸正光ほか（2004）『電子図書館と電子ジャーナル』国立情報学研究所

大串夏身（2004）『文科系学生の情報術』青弓社

杉田米行（2001）『人文社会科学とコンピュータ』成文社

《推薦図書》

1. 藤田節子（2002）『新訂図書館活用術』日外アソシエーツ
   図書館の概論を理解し，図書館を有効に利用するための入門書．
2. 長尾真監修（2001）『大学生と「情報の活用」』（増補版）京都大学図書館情報学研究会
   情報探索の講義録であり，図書館の活用方法を詳細に学ぶことができる．
3. 緑川信之編（2004）『情報検索演習』東京書籍
   情報検索の概念や機能とともに検索の方法まで体系的に学ぶことができる．
4. 三輪眞木子（2003）『情報検索のスキル』中央公論新社
   情報問題を解決するためのプロセスや理論を中心に解説．

第6章の要約

 調査は，たとえば企業が抱えるさまざまな課題を解決するための手段であったり，政府や自治体が政策を決定するための材料であったり，あらゆる分野に活用されている．また，新聞やテレビのニュースをみると，毎日多くの調査結果が紹介されているように，調査は日々の生活にとって身近な存在でもある．こうした調査から必要とする情報を入手し，それを活用するためには，調査に関する正しい知識を習得することが不可欠の要素である．このことを踏まえて，本章はアンケート調査の準備から作成，実施に至るまでの過程を学ぶことを通して，調査に必要な基礎的知識と実際の進め方を身につけることを目的とする．一口に調査といってもその内容は多様であり，さまざまな手法が存在するが，アンケート調査を取り上げるのは，アンケート調査がマーケティング・リサーチや世論調査などの定量調査の中でもっとも頻度が高く行われている調査であることによる．

 本章では，まずアンケート調査の目的や手法，準備などの基本的事項を学んだ上で，実際に調査票を作成するための方法を解説する．また，調査を信頼性の高いものにするには，どのように調査対象者を選び出すかというサンプリングの理論が必要となる．優れた質問紙を作成したとしても，サンプリングの理論が正しく理解されていなければ，信頼度の低いものとなってしまう可能性がある．そこで，基本的なサンプリング理論についても触れることとする．

第6章　調査法

1. アンケート調査の概念

(1) 調査の分類と方法

　調査をそのテーマによって分類すると，主要なものとして「マーケティング・リサーチ」と「世論調査」をあげることができる．マーケティング・リサーチとは，企業のマーケティング計画の策定や実施，変更に必要となる判断材料を収集するための調査で，具体的には市場環境，製品開発，流通，広告・販売促進などに関する調査のことを指す．一方，世論調査とは，政治や選挙に関する調査のほか，社会意識や生活意識に関する調査など，広範な分野を含むものである．マーケティング・リサーチや世論調査のほかにも，社会問題に関する調査や情報メディアに関する調査など，調査のテーマは多様で，あらゆる範囲に及ぶものといえる．

　つぎに，調査にはさまざまな方法があるが，大きく「定量調査」と「定性調査」の2つに分けることができる．定量調査とは量的調査や統計的調査ともよばれるもので，調査票による質問の回答をもとに，量的な関係や特性を解明することを目指した調査のことである．定性調査とは質的調査や記述的調査ともよばれるもので，インタビューやヒアリングなどにより調査者対象者から非定型的な情報を求め，量的ではなく質的に把握することを目指した調査である．このうち，定量調査はマーケティング・リサーチや世論調査において，もっとも頻度が高く行われている調査であり，一般にアンケート調査や質問紙調査といわれるものである．

　調査の分類と方法はこのようになるが，ここからはアンケート調査に絞って学ぶこととする．

(2) アンケート調査の目的

　アンケート調査を実施しようと考えるのは，何らかのテーマに関心があり，

それを明らかにしたい場合や，何らかの問題が生じていて，それを解決したいと思う場合である．アンケートを考えるにあたっては，まず目的意識や問題意識を明確にしたうえで，アンケートを実施することがテーマを明らかにしたり，問題を解決したりする手段としてどの程度の有効性をもつかどうかを見据える必要がある．

また，何のためにアンケートを行うかを考えることが必要である．アンケートは目的によって主に2つのタイプがある．ひとつは実態を把握することを目的とするものであり，もうひとつは仮説を検証することを目的とするものである．実態の把握とは典型的なものでは，世論調査による内閣や政党に対する支持率の調査であったり，あるいは，あるブランドに対する好感度を測定するといったものである．こうした実態把握型の調査を行う場合は，単に実態を定量的に測定して終わらせるのではなく，得られた結果を活用する方法を事前に明確にすることが求められる．

仮説の検証とは，ある現象（事実）があってそれをもたらす要因を想定し，その因果関係が正しいかどうか検証することである．たとえば，あるブランドの売上が減少しているのはテレビCMがマンネリ化しているからだ，という仮説を設定し，その仮説が成り立つかどうかを検証する場合である．こうした仮説検証型の調査を行うに際しては，あらかじめ仮説をしっかりと構成する必要がある．

アンケートの目的が定まったなら，アンケートによって具体的に何を知りたいかという調査テーマを明確にすることになる．アンケート調査の成否とは，調査テーマをどの程度明らかにできるかどうかにかかっている．それだけに，調査テーマは慎重に定める必要がある．

(3) アンケート調査の手法

アンケート調査は，調査対象者にどのような方法で質問を行い，データを収集するのかという，調査対象者への接触方法と回収方法にいくつかの手法があ

る．ここでは，代表的なデータ収集のための手法とその概略を紹介する．テーマや目的，予算などを考慮して，これらの中から適切に選択する必要がある．

① 訪問面接調査

調査員が対象者を直接訪問して，インタビュー形式で調査票を読みあげながら回答を記録する方法である．調査員が直接質問を行うので，質問の意図を正確に伝えることができ，対象者本人の確認も可能であるため，回答の精度や信頼性が高い調査方法といえる．

しかし，他の手法に比べて人手や予算がかかることや，在宅率の低下により回収率が減少傾向にあるといった問題点もある．

② 街頭調査

調査員が街頭で対象者にインタビューする方法である．訪問面接調査ほどの予算を必要とせず，訪問面接調査同様，調査員が直接質問を行うので，対象者本人の確認ができ，回答の精度や信頼性が高い．しかし，調査への回答を拒否されやすく，また調査協力者の性別や年齢層などサンプルの偏りが生じやすいという問題点がある．

③ 訪問留置調査

調査員が対象者を訪問して調査票を配布し，対象者自身に回答を記入してもらい（自記入式），後日，回収を行う方法である．基本的には調査員が対象者に直接会って調査を依頼するが，不在の場合は対象者に直接依頼しなくともよい．

対象者は時間の都合がつくときに回答できるので，ある程度分量の多い調査にも適している．ただし，対象者自身が記入するので，誰が回答してもわかりやすく，誤回答を生じないような調査票の作成が求められる．一方，対象者本人による回答であるかの確認がむずかしいという問題点がある．

④ 集合調査

対象者を特定の会場に集め，調査票に記入してもらう方法である．短時間に複数の対象者から回答を得ることができる．また，回答方法や調査に関する説

明をその場で行うことができるなど，調査環境が均一化でき，回答の精度や信頼性がある程度高い調査方法といえる．しかし，会場の準備や集合時間の連絡などに手間や予算がかかるという問題点がある．

⑤ 郵送調査

郵送によって調査票を送付し，回答を記入後，調査票を郵送で送り返してもらう方法である．対象者への訪問や回収の手間を必要とせず，広範囲な調査が可能であり，コストも低く抑えられる．また，訪問留置調査と同様に，時間の都合がつくときに回答できるので，ある程度分量の多い調査にも適している．しかし，一般的に回収率が低く，サンプルの偏りが生じやすい，対象者本人による回答であるかの確認がむずかしいといった問題点がある．

⑥ 電話調査

調査員が電話によって質問を行い，その場で対象者から回答を得て，それを記録する方法である．広範囲の調査を短期間に，しかも低いコストで行うことが可能である．しかし，回答を拒否されやすく，回答に長時間を要する質問や複雑な質問には向いていない．また，調査時間が限られるので，質問数に制約がある，対象者本人による回答であるかの確認がむずかしいといった問題点がある．

⑦ インターネット調査

インターネットや電子メールを利用した調査で，広範囲の調査を短期間に，低いコストで行うことができ，時間的な制約も必要としない．また，回答を容易にコンピュータに入力することができる．しかし，対象がインターネット利用者に限られることから，サンプルの偏りが大きくなることが想定されるとともに，回答者本人の回答であるか特定することが困難であるため，同一人物が複数回答を行うことも可能といった問題点がある．

(4) アンケート実施前の準備

テーマや問題意識が明らかになり，アンケートを行う目的と具体的なテーマ

が定まったとしても，すぐにアンケート調査の実施を確定するのは尚早といえよう．アンケート調査を行うには，時間も人手も予算も必要となる．まずは，先行研究や既存の調査結果を明らかにし，本当にアンケートを実施する必要があるかどうかを改めて見定める必要がある．

そのため，自らの調査テーマに関連すると思われる文献や学術論文などの先行研究や既存の調査を収集し，検討することから始めることになる．文献や学術論文の検索に関しては第3章2．で解説したので，それを参考にしてほしい．

既存の調査については，総務省統計局（http://www.stat.go.jp）やその他省庁のWebサイトに多くのデータが公開されている．総務省統計局の統計データ・ポータルサイト（http://portal.stat.go.jp）からは，他の省庁が公開しているデータを横断的に検索でき，利便性が高い．これらのデータはほとんどがExcel形式でのダウンロードが可能となっている．

また，出版物としては政府や省庁，地方自治体，大学，報道機関などが実施した「世論調査」を収録した『世論調査年鑑』，企業，研究機関，団体が実施したアンケート調査を収録した『アンケート調査年鑑』，企業などが実施したマーケティング調査を収録した，日本能率協会総合研究所『ビジネス調査資料総覧』は，どれも毎年出版されており，収録件数も非常に多いので参考になるであろう．

これらを十分に検討することにより，先行研究によって明らかにされていることと明らかにされていないことを明確にし，既存の調査で同様のものはないかを探り，改めてアンケート調査を行う意義があるかどうかを判断する必要がある．

2. 調査票の作成方法

（1）調査票作成の流れ

前節で学んだ手順を経て，実際にアンケート調査を実施することが決まったら，つぎに行うことは調査票を作成することになる．調査票の作成は主に，つ

ぎのような手順によって行われる．

1）調査項目の設定

アンケートによって現状を把握したり仮説を検証したりするためには，具体的にどのような調査項目が必要であるかを検討する．まず，調査票全体の構造を考え，おおよその枠組みが決まったら，それを細分化することにより，個々の調査項目を設定していく．個々の質問項目が重複していたり類似していたりする場合は，それらを整理・統合する．これらの作業を通して質問項目がまとまったら，調査項目の順序を検討する．基本的には，回答しやすいと思われる質問から始め，回答しづらいと思われる質問を後半に回すようにする．また，質問の流れがスムーズになるように配慮することが求められる．

2）質問文の作成

質問項目を具体的な質問文にする作業を「ワーディング」という．ワーディングは条件を明確にし，誰もが同じような意味として理解でき，答えやすい文章にする必要がある．そのために，簡便かつ適切な言葉を選び，文章はあまり長くならないように心がける．また，質問ごとの選択肢についても，この段階で作成する．

3）レイアウトの作成

質問文が完成したら，調査のタイトル，調査主体の名称，依頼文なども考える．調査のタイトルによって回収率が左右される場合もあるので，反発を招くようなタイトルを避けるなど，慎重に考える必要がある．また，留置法や郵送法など，自記入式の場合は回答者が問い合わせを行えるよう，調査主体の連絡先を記入する必要がある．そのうえで，できるだけわかりやすく，また回答を記入しやすいよう，調査票全体のレイアウトを行う．とくに，枝分かれ質問がある場合は，回答者が誤解しないよう，レイアウトに配慮する．

また，性別や年齢，収入，職業などの個人的属性に関する質問項目である「フェイス・シート」についても，どの位置に置くかを考える．

4) 修正と確認

調査票がひとまず完成した段階で，プリテスト（予備調査）を行う．プリテストは多数に行う必要はないが，できるだけさまざまな属性を対象に行うことが望ましい．プリテストの対象者の指摘をもとに，適切な修正を加える．そのうえで，改めて全体の校正を行う．質問項目が多い場合，この段階でも細かなミスがあることが多いものである．とくに枝分かれ質問の行き先や選択肢などに注意する必要がある．

(2) ワーディングの方法

信頼性の高い調査結果を得るためには，対象者の誰もが同じ意味として理解でき，誤解を生じることのない調査票を作成する必要がある．そのために，ワーディングの基本をしっかりと学び，その規則を身につける必要がある．ここでは，実際にワーディングを行う際の注意点を概説する．

1) 語句の注意点

① 難解な言葉や専門用語

質問文には，むずかしい言葉や，法律用語，学術用語，業界用語といった専門用語は誤回答を招く可能性があるので，対象者の大部分が理解できる言葉や用語を用いる必要がある．また，特定の世代や限定された地域のみに通用する言葉も使うべきではない．どうしても専門用語などを使う必要がある場合は，その用語に関する説明をつける，またはその用語を認知している対象のみに質問を行うといったことが必要である

② 曖昧な言葉

意味が2通りにとれるなど，回答者によって解釈の仕方が異なる曖昧な言葉や定義がはっきりとしない言葉は使うべきではない．これらの用語は，想定する意味によって回答が異なる可能性がある．たとえば，「スポーツ番組」に関する質問の場合，野球やサッカーを想定する場合と，プロレスや格闘技を想定する場合とでは，回答が異なる可能性が高いので，スポーツ番組の具体的な内

容を提示することが求められる．また，たとえば，「出来事」を聞く場合はいつの時点か，「収入」の場合は手取りか年収か，「年齢」の場合は満か数えかといったように，回答者のすべてが言葉を同一の概念として解釈できるよう配慮する必要がある．

　③　ステレオタイプの言葉

抵抗や反発を引き起こす可能性があるなど特定の価値観が含まれるステレオタイプの言葉は使うべきではない．たとえば，「天下り」という言葉に対しては否定的なマイナスイメージを抱く人が多いかもしれないが，「再就職」という言葉に対しては特別のイメージを抱く場合は少ない．ステレオタイプの言葉とは「天下り」の例のように，特別なイメージをもった言葉のことである．ステレオタイプの言葉は，逆にプラスイメージを抱かせるものもある．こうしたステレオタイプの言葉が含まれていると，回答が否定的または肯定的といった特定の方向に導かれる可能性がある．そのため，ステレオタイプの言葉ではなく，中立的な意味の言葉を使う必要がある．

　2）文章の注意点

　①　ダブルバーレル質問

ダブルバーレル質問とは，ひとつの質問文中で2つ以上の論点が含まれる質問のことである．この場合，どちらの論点に着目するかによって回答が異なる場合がある．たとえば，以下の質問例の場合，携帯電話の通話機能とメール機能のどちらにも満足している場合は回答できるが，どちらか一方が満足でもう一方が不満の場合は回答に困る．そのため，論点を分けて，2つの質問を作成するなどの必要がある．

（質問例）あなたは，現在お使いの携帯電話の通話機能やメール機能に満足していますか．

　②　誘導的な質問

誘導的な質問とは，回答を一方に偏らせてしまうような質問であり，「黙従傾向」や「威光暗示効果」などがある．黙従傾向とは，論点を一方的に提示す

ることにより，回答が特定の方向に誘導される可能性のある質問である．たとえば，以下の質問例Aの場合，明確な考えをもっていなければ，「はい」と答える可能性が高くなる．そのため，「あなたは○○に賛成ですか，それとも反対ですか」といったように質問する必要がある．

威光暗示効果とは，権威や世間といった威光を暗示することにより，特定の方向に回答を誘導することである．質問例Bは威光暗示効果の例であるが，最初の文は否定的な情報を与え，回答を誘導することになる．こうした回答を誘導する文は不必要なものである．

（質問例A）あなたは○○に反対ですか．
（質問例B）ある調査によると，健康補助食品は時には体に重大な障害を招くことがあるそうです．あなたは健康補助食品を摂ることに賛成ですか，反対ですか．

③　キャリーオーバー効果

キャリーオーバー効果とは，ある質問がその後の質問の回答に影響を与えることである．以下の質問例は，質問の順序を変えることによって，回答が異なる可能性がある．質問例Aは質問例BでC社の商品を選択することを誘導する質問である．この場合は，質問例AとBの順序を入れ替えるか，2つの質問の間にそれと関連のない質問を入れて2つの質問の位置を離す，または質問例Aを削除するなどの必要がある．

（質問例A）あなたは，C社の商品には美肌効果に非常に有効な成分である○○が豊富に含まれていることをご存知ですか．
（質問例B）あなたは，A社とB社とC社の美容液の，どれを使いたいと思いますか．

3）質問方法の注意点

①　一般的質問と個人的質問

一般的質問とは，一般論としての意見を聞く質問であり，個人的質問とは対象者自身の意見や実際の行動を聞く質問である．質問例Aは一般的質問であ

り，質問例Bは個人的質問である．一般的質問はタテマエが出やすく，個人的質問はホンネが出やすいという特徴がある．この2つの質問形式は調査の目的に応じてどちらか一方を使うか，または併用する必要がある．

（質問例A）災害に備えて防災対策を充実すべきだと思いますか．

（質問例B）あなたは災害に備えて何らかの防災対策を行っていますか．

② 通常の行動と特定期間の行動

行動に関する質問を行う場合，通常時の行動か，それとも特定期間または特定日時の行動かを明確にする必要がある．質問例Aは通常の行動を聞く質問であり，質問例Bは特定日時を聞く質問である．普段の行動と特定期間の行動では，回答が大きく異なる可能性があるので，注意を要する．この2つの質問形式は調査の目的に応じてどちらか一方を使うか，または併用する必要がある．

（質問例A）あなたは普段，夕食時にお酒を飲みますか．

（質問例B）あなたは昨日の夕食時にお酒を飲みましたか．

4）選択肢の種類と選択方法

アンケート調査における質問の形式は，選択肢を用意し，その中から回答を求める「選択肢回答」と，選択肢を示さずに文字か数字で回答を求める「自由回答」がある．ここでは，選択肢回答における選択肢の種類や選択方法を中心に，あわせて自由回答の活用法も概説する．

① 2項選択式

2項選択式とは「はい」と「いいえ」などの2つの選択肢を用意し，そのうちひとつを選んで回答してもらう質問形式である．賛否（賛成・反対）や共感（そう思う・そうは思わない）を問う質問に多く用いられるもので，正反対の概念からひとつを選択することになる．

② 多項選択式

・単一回答

多項選択式とは，3つ以上の選択肢を用意し，その中から回答を選択して

もらう質問形式である．多項選択式には，選択肢からひとつのみを選んで回答してもらう単一回答と，2つ以上を選ぶ複数回答がある．

選択肢は多くの回答者が選択できるよう，網羅的に作成することが求められる．たとえば，「その他」に多数の回答が集まるような選択肢のつくり方は網羅的ではなく，不十分といえる．

また，評価や賛否，意向などの程度を質問する尺度評価の選択肢を作成する場合は，以下の尺度評価例のように，4段階または5段階の選択肢とするのが一般的といえる．この場合，「どちらともいえない」という選択肢の有無を目的に応じて考える必要がある．普通は5段階で聞く場合が多いが，「どちらともいえない」に多くの回答が集まりそうな場合や，評価を明確に求めたい場合は「どちらともいえない」を省き，4段階で尋ねることになる．

（尺度評価例）
（4段階）1 満足している　2 まあ満足している　3 やや不満である　4 不満である
（5段階）1 満足している　2 まあ満足している　3 どちらともいえない　4 やや不満である　5 不満である

つぎに，年収や時間，購入頻度などの数量項目の選択肢をつくる場合は，相互排他的にすることが求められる．たとえば時間を聞く場合は，「1時間～3時間」「3時間～5時間」といった選択肢では，3時間の人はどちらを選択すればいいかわからないし，「1時間～2時間」「4時間～6時間」といった選択肢では，3時間の人は選択することができないので注意を要する．この場合は，「1時間以上2時間未満」「3時間以上5時間未満」のように排他的な選択肢が必要となる．また，回答が特定の選択肢に集中しないように，予想される平均値を中心に一定の間隔で選択肢をつくるとともに，予想される範囲よりも低いカテゴリーと高いカテゴリーも用意することが求められる．

・複数回答

複数回答は，回答がひとつに限定されず，いくつかに該当することが予想

される場合に用いる方式である．複数回答には，選択肢の中からたとえば3つまでというように限定をつけて選んでもらう制限選択式と，限定をつけずに選んでもらう無制限選択式がある．無制限選択式の場合，制限がないとはいえ，選択肢の数が多すぎると回答者の負担が多くなるので，選択肢の数をある程度までに絞る配慮が求められる．

また，複数回答には，いくつかの選択肢の中から順位を回答してもらう順位回答形式もある．順位回答形式には，選択肢すべての順位を決めてもらう場合と，たとえば1位から3位までのように，上位のみの順位を決めてもらう場合がある．どちらの方式にするかは，調査の目的によって適切に選択する必要がある．

③ 自由回答

選択肢を示さずに，文字や数字によって回答を求める自由回答は，回答が広範囲に渡るような質問や，選択肢をつくるのがむずかしい場合は，有効な手法といえる．ただし，分析に大変な手間を要する場合があるので，選択肢によって回答を得ることができそうな場合は，なるべく選択肢を用意した方が無難といえる．

自由回答の活用事例としては，マーケティング・リサーチにおける想起法などがある．想起法とは，たとえば「コンビニエンスストアで販売されている飲料として思いつく銘柄は何か」といった純粋想起や，「ビールと聞いて思いつく銘柄は何か」といった助成想起のことである．

また，枝分かれ質問（SQ）をつくり，選択肢回答によって，ある条件に該当する人のみに対してその理由などを自由回答で記入してもらう場合にもしばしば使われる．

なお，数字を記入してもらう場合は，たとえば年齢や収入であったりすると回答への拒否率が上がる可能性もあるので，自由回答とするか選択肢をつくるか慎重に考える必要がある．

3. サンプリング

(1) 標本調査と全数調査

　アンケート調査には，全数調査（悉皆調査）と標本調査がある．全数調査とは，母集団全員に調査を行うものであり，標本調査とは，母集団の中から一部（標本＝サンプル）を選び出し，そのサンプルに対してのみ調査を行う方法である．どちらの方法にしても，まず，調査の対象となる母集団を明確に定める必要がある．

　母集団とは，調査によって回答を得たいと考えている対象の全体のことである．調査対象が，A企業の顧客全員であったり，B企業X商品のユーザーであったりした場合，たとえば，今年の4月1日時点で取引関係のあるA企業の顧客全員としたり，過去1年間にB企業のX商品を購入した20歳以上の女性全員といったように，母集団は明確に定める必要がある．

　母集団が定まったら，全数調査を行うか標本調査を行うかを決めることになる．母集団の規模が小さければ，全数調査を行うことが可能であるが，母集団の規模が大きい場合には，予算や時間の制約を考慮して，標本調査にするのが現実的である．

　標本調査とは，母集団から抽出したサンプルの回答から母集団全体の傾向を推計することを目的とした調査方法である．そのため，標本の抽出（サンプリング）を行う場合，母集団を忠実に代表できるような方法を用いてサンプリングによる誤差を最小限にとどめる必要がある．こうした母集団の代表性を保つためのサンプルを選び出す手法を，無作為抽出法（ランダム・サンプリング）という．

(2) サンプリングの種類

　ランダム・サンプリングの手法は多数あるが，ここでは代表的なものとして，単純無作為抽出法，系統抽出法，多段抽出法，層化抽出法についての説明を行

う．これらの方法によってサンプリングを行うには，いずれの場合も母集団全員の名簿（サンプリング台帳）が必要となる．まず，これらの名簿を準備する必要がある．

1) 単純無作為抽出法

サンプリング台帳に掲載されている母集団に番号をつけ，無作為に番号を選ぶ方法である．サンプルの選択は，乱数表や表計算ソフトによって，重複がないように必要な標本数に達するまで行うことになる．

この方法は精度の高い抽出法といえるが，サンプリング作業に手間がかかり，また母集団の範囲が広い場合，サンプルが広範囲に分散する場合は，時間や予算などの実査の負担が大きいといえる．

2) 系統抽出法

無作為抽出法と同様にサンプリング台帳に掲載されている母集団に番号をつけ，サンプルを等間隔に選ぶ方法である．サンプルの選択は，まず母集団をサンプル数で除して抽出間隔を算出する．つぎに抽出間隔の範囲内で乱数表などによりひとつの数値を選び，それをスタート番号とし，そのスタート番号を1番目のサンプルとし，その値に繰り返し抽出間隔を加えていく．具体的には，10万人の母集団から500サンプルを抽出する場合，10万を500で除した200が抽出間隔となる．スタート番号が123であれば，123，323，523，723…番目というようにサンプルを抽出していくことになる．

この方法は単純無作為抽出法に比べてサンプリング作業の負担が少ないが，サンプリングの精度はやや低下することになる．

3) 多段抽出法

単純無作為抽出法や系統抽出法は，母集団の規模が大きい場合，サンプリング作業に大変な手間がかかるとともに，サンプルが広範囲に分散する場合は実査の負担が大きいといえる．これらの問題に対応するための方法が多段抽出法である．これは，たとえば，第1段階で市町村などのより比較的大きな調査区域を抽出し，第2段階でその市町村の中から個人を抽出するという方法である．

実査の負担は小さくなるが，1段階ごとに誤差が生じるため，サンプリングの段階を多くすると，その分，精度が落ちることになる．

　4）層化抽出法

　多段抽出法の手法のひとつであり，まず母集団を，たとえば年齢や性別といった属性により層化を行い，それに基づいて母集団とサンプルの構成比を一致させる方法である．たとえば，性別によって層化を行う場合，母集団の構成比が男性40%，女性60%だとすると，母集団から300人を抽出する場合，サンプルも構成比が一致するように，男性を120人，女性を180人抽出することになる．層化抽出法は，サンプリングの精度を高める手法といえる．

　なお，この方法でサンプリングを2段階に渡って行うのが，層化2段抽出法であり，多くの全国調査はこの方法を採用している．

(3) サンプリング誤差

　ランダム・サンプリングにより，母集団から抽出したサンプルから集められた回答は，母集団全体を調べたものではないので，母集団全体の回答との間には，必ず誤差が生じることになる．これをサンプリング誤差というが，この誤差は確率的に算出することができる．

　これを身近な事例として，ビデオリサーチ社が行っている関東地区の視聴率調査をもとに考えてみる．視聴率調査は，関東地区から600世帯をランダム・サンプリングにより抽出した標本調査である．また，視聴率とはある番組を「見た世帯」と「見なかった世帯」のうちの「見た世帯」の割合であるから，アンケート調査でたとえば「賛成」と「反対」を質問した場合の「賛成」の割合のサンプリング誤差を測定するのと同じ原理といえる．

　2000年の国勢調査によると，関東地区には約1,580万世帯があるが，このうちの600世帯をランダム・サンプリングにより抽出しているので，サンプルは約2万6千世帯に1世帯の割合となる．果たして，統計的にはどれ程の誤差が生じるのであろうか．サンプリング誤差の計算式は以下のようになる．

$$\pm 1.96\sqrt{\frac{p(1-p)}{n}} \quad \text{（有限母集団の場合）} \quad \pm 1.96\sqrt{\left(1-\frac{n}{N}\right)\frac{p(1-p)}{n}}$$

サンプリング誤差の計算式（信頼度95%）
p＝調査結果の比率，n＝サンプル数，N＝母集団の数

　たとえば，視聴率25%の番組をサンプリング誤差の計算式に当てはめると，その数値は±約3.5%となる．信頼度（第7章3.参照）が95%なので，視聴率25%の番組が100本あれば，その内の95本が21.5〜28.5%の範囲に収まることになる（5本はその範囲を外れる）．では，サンプル数を増やした場合どの程度，サンプリング誤差が縮小するであろうか．2倍の1,200に増やした場合の誤差（信頼度95%）で±2.5%，5倍の3,000の場合は±1.5%，10倍の6,000の場合は±1.0%となり，サンプル数の増加分に比例して誤差が縮小するわけではない．サンプリング誤差を半分にするためには，サンプル数を2の2乗倍（約4倍）にする必要がある．

　図表6−1は単純無作為抽出法の場合のサンプリング誤差とサンプル数の関係を示したものである．サンプル誤差はサンプル数のみによって決まるのではなく，同じサンプル数でも調査結果の比率によって異なる．同じサンプル数の場合，サンプル誤差は調査の結果が50%の場合にもっとも大きくなり，50%から数値が離れるにしたがって小さくなるという特徴がある．たとえば，サンプル数が500で，調査結果の比率が30%または70%の場合に母集団全体を推計すると，95%の確率で25.9〜34.1%または65.9〜74.1%ということになる．

図表6−1　サンプリング誤差の早見表（信頼度95%）

結果 サンプル数	10% 90%	20% 80%	30% 70%	40% 60%	50%
100	±6.0%	±8.0%	±9.2%	±9.8%	±10.0%
200	±4.2%	±5.7%	±6.5%	±6.9%	±7.1%
300	±3.5%	±4.6%	±5.3%	±5.7%	±5.8%
500	±2.7%	±3.6%	±4.1%	±4.4%	±4.5%
1000	±1.9%	±2.5%	±2.9%	±3.1%	±3.2%

標本調査を行う場合，どの程度のサンプルに対して調査を行うべきかが問題となるが，統計的なサンプリング誤差を考慮したうえで，目的や予算などとの兼ね合いから必要なサンプル数を決めることが求められる．

演・習・問・題

問1 調査票作成の手順と，その際の注意点をまとめなさい．
問2 サンプリングの種類とその内容について説明しなさい．
問3 サンプリング誤差とはどのようなものであるかを説明しなさい．

参考文献

飽戸弘（1987）『社会調査ハンドブック』日本経済新聞社
近藤光雄（2004）『マーケティング・リサーチ入門』日本経済新聞社
近藤光雄・小田宜夫（2004）『マーケティング・リサーチの実際』日本経済新聞社
森岡清志（1998）『ガイドブック社会調査』日本評論社
大谷信介ほか（1999）『社会調査へのアプローチ』ミネルヴァ書房
酒井隆（2002）『調査・リサーチ活動の進め方』日本経済新聞社
谷岡一郎（2000）『「社会調査」のウソ』文芸春秋
内田治・醍醐朝美（2001）『実践アンケート調査入門』日本経済新聞社

《推薦図書》

1. 内田治・醍醐朝美（2001）『実践アンケート調査入門』日本経済新聞社
   アンケート調査の準備段階から作成，実施，処理に至る手順がまとめられている．
2. 近藤光雄・小田宜夫（2004）『マーケティング・リサーチの実際』日本経済新聞社
   マーケティング・リサーチに必要な知識やノウハウを紹介している．
3. 大谷信介ほか（1999）『社会調査へのアプローチ』ミネルヴァ書房
   概念や理論を含めた社会調査の全体像がわかりやすくまとめられている．

4. 酒井隆（2002）『調査・リサーチ活動の進め方』日本経済新聞社
　　さまざまな調査手法が紹介され，初心者が幅広く学ぶのに適している．

第7章の要約

　前章では，アンケート調査の準備から作成，実施に至るまでの過程を学んだが，調査により収集したデータを適切に読み取り，活用するためには，適切な処理を行う必要がある．データの処理は，基本的にはパソコンにより表計算ソフトや統計ソフトを用いて行うことになる．パソコンを利用することにより，多くの人がデータの処理を容易に行えるようになったことは，調査自体が特別な存在ではなく，より身近なものに近づける役割を果たしたともいえる．また，それはさまざま統計手法の利用を比較的容易なものとしたが，データを正しく読み取るための基本的な知識なしに安易にパソコンを利用することは，間違ったとらえ方をもたらす状況を増加させる要因ともなっている．これらの点を踏まえて，本章では調査データを集計し，分析するために最低限必要となる基礎的な知識を習得することを目的とする．こうした基礎的な知識を身につけることは，調査の準備段階で先行研究や既存の調査データを正しく理解する場合にも必要となるものである．

　本章では，まず単純集計やクロス集計によりデータを集計する際の注意点と，集計結果をグラフ化することにより視覚的に把握するための方法を学ぶ．そのうえで，分散や標準偏差といった基礎統計量の算出方法や，カイ2乗検定の方法や見方，その他の検定などを解説するとともに，多変量解析の主な手法などについて紹介することとする．

第7章 データの読み方・分析法

1. データの集計方法

(1) 単純集計表の作成

　データの集計方法には，単純集計とクロス集計がある．データ表が完成したら，まず単純集計を行うことが一般的といえる．

　単純集計とは，どの選択肢を何人が選んでいるかといった，質問項目ごとの選択肢の分布をみるものである．単純集計の結果を表すのが，図表7-1に示すような単純集計表（度数分布表）である．単純集計表を作成する場合には，数値の単位を明記する必要がある．また，回答があった度数だけではなく，質問に答えていない無回答の度数も表に示し，度数のパーセント表示も行った方がよい．パーセント表示を加えることにより，度数表示だけの場合よりも単純集計結果を把握しやすくなる．もっとも，度数を省き，パーセントのみを表記する場合もあるが，その場合は度数の合計を欄外などに示す必要がある．

　単純集計はすべての質問について行い，主に調査全体の傾向を把握することになる．この段階で注意すべき点がいくつかある．まず，性別や年齢などの回答者の属性を確認し，その分布が母集団を代表するものであるかどうかを検討することである．仮に回答者の属性が母集団の属性と大きく異なる場合は，母集団の代表性を保っていないことになるので，それを前提としてその後の分析

図表7-1　単純集計表の作成例

① 単純集計表の例

（単位：人）

はい	364	72.8%
いいえ	128	25.6%
無回答	8	1.6%
合　計	500	100.0%

② 単純集計表の例

（単位：人）

満足	196	39.2%
まあ満足	183	36.6%
やや不満	78	15.6%
不満	32	6.4%
無回答	11	2.2%
合　計	500	100.0%

を行うことになる．

　つぎに，質問項目ごとの選択肢の分布をみる場合，集中して選ばれていたり，ほとんど選ばれていなかったりする選択肢があるかどうかにより，特徴的な傾向を確認する．これにより，当初は想定していなかった新たな事実がみえてくる場合もある．また，尺度評価の質問については，たとえば5段階評価の場合，「非常によい」「非常に悪い」といった最上位と最下位の選択肢がほとんど選ばれていない場合は，そのデータを除外する，または値の再割当てを行い最上位と第2位のデータをひとつのカテゴリーに合体するなどの処理を考える必要がある．

　これらの作業と並行して，入力ミスのチェックも行う．データの誤入力により，選択肢のコードにあてはまらない誤入力のデータなどは，容易にみつかるはずである．データクリーニングで見落としたものをこの段階でチェックし，再度修正を行うことが求められる．

(2) クロス集計表の作成

　クロス集計とは，2つの質問項目の関連をみるもので，要因ごとに分類して集計・分析を行うものである．クロス集計は，調査のもっとも基本的な分析手法といえる．クロス集計では，主に性，年齢，学歴，職業といった個人の属性に関する要因（デモグラフィック要因）や，ある分野に対する関心の強さ，意識・態度といった心理的要因（サイコグラフィック要因）との関係を調べることになる．

　図表7-2は，ある商品の認知度を男女別に分類したクロス集計表の例である．これをみると，全体（合計）では「知っている」と回答した人が51.8%，「知らない」と回答した人が48.2%とほぼ半々になっている．これを男女別にみると，男性は「知っている」が39.6%で「知らない」が60.4%となり，女性は「知っている」が62.2%で「知らない」が48.2%と回答していることがわかる．全体の傾向では認知率はほぼ半々だが，クロス集計を行うことによって，

図表7-2　クロス集計表の作成例

（単位：人）

	男性	女性	合計
知っている	91 39.6%	168 62.2%	259 51.8%
知らない	139 60.4%	102 37.8%	241 48.2%
計	230 100.0%	270 100.0%	500 100.0%

　男性は認知率が39.6%と全体よりも低く，女性は62.2%と全体よりも高いことから，男性と女性の認知率に格差が生じていることがわかる．このように，質問項目間の関係を把握することができるのがクロス集計である．

　どの質問項目でクロス集計を行うかは，仮説や単純集計結果に基づいて決めることになるが，度数の少ないカテゴリーを含む質問項目でクロス集計を行うと，クロス集計表に入るケースが非常に小さくなく可能性があるので，注意を要する．そのため，クロス集計に使用する質問項目は，あまり細かいカテゴリー分けが行われていないものにする必要がある．基本的には，ケース数が5に満たないセルが含まれないことが望ましい．こうした問題を避けるためには，先に紹介した値の再割当てなどの処理を行うことが有効である．

　なお，クロス集計では，たとえば，枝分かれ質問で答える必要がないものに入力しているなどの論理的なミスのチェックを容易に行うことができる．

2. データのグラフ化

　アンケート結果をグラフ化し，視覚的に把握することは，データから情報を読み取るうえで有効な手段といえる．また，調査の報告書を作成する場合にも，視覚的にわかりやすく説明できるようグラフが活用される場合が多い．ここでは，単純集計やクロス集計の結果を表すグラフについて説明することとする．

(1) 単純集計表のグラフ化

　円グラフは，選択肢ごとの構成比を視覚的に把握するのに適している．図表

7-3①は，ある商品をこれまでに購入したことがあるかどうかの割合を示した円グラフである．円グラフの場合，カテゴリーが少ない場合は視覚的に把握できるが，カテゴリーが比較的多い場合は，見易さに欠けるため，棒グラフを利用した方がわかりやすい．図表7-3②は，普段もっとも飲む機会の多いアルコール飲料についてのデータをグラフ化したものであるが，このようにカテゴリーが多い場合でも，棒グラフを用いることによって，それぞれのカテゴリーの大小を視覚的に把握することができる．

なお，円グラフを使うことができるのは，データの合計が100%となる場合である．たとえば複数回答のようにデータの合計が100%を超える場合は，棒グラフが望ましい．図表7-4①は，発泡酒を購入する場合に重視する項目を3つまで選択してもらった複数回答の結果を示した棒グラフである．

また，単純集計のデータを複数個組み合わせてグラフを作成する場合は，折れ線グラフが便利である．図表7-4②は，商品別の顧客満足度を示したものであるが，折れ線グラフを使うことにより，複数個のデータの比較を容易にすることができる．

図表7-3　単純集計のグラフ作成例

① 円グラフ

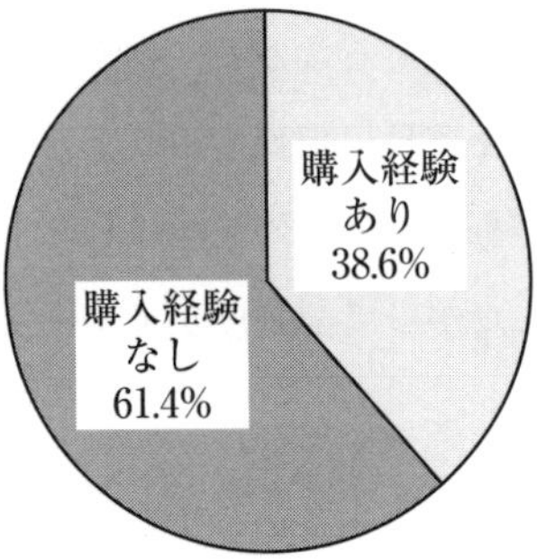

購入経験あり　38.6%
購入経験なし　61.4%

② 棒グラフ

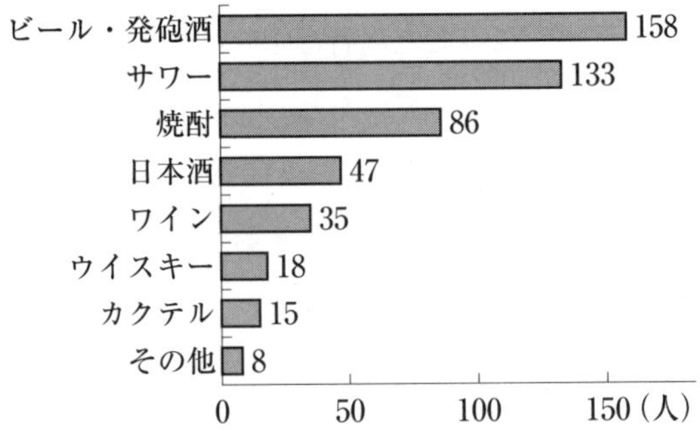

ビール・発泡酒	158
サワー	133
焼酎	86
日本酒	47
ワイン	35
ウイスキー	18
カクテル	15
その他	8

0　50　100　150（人）

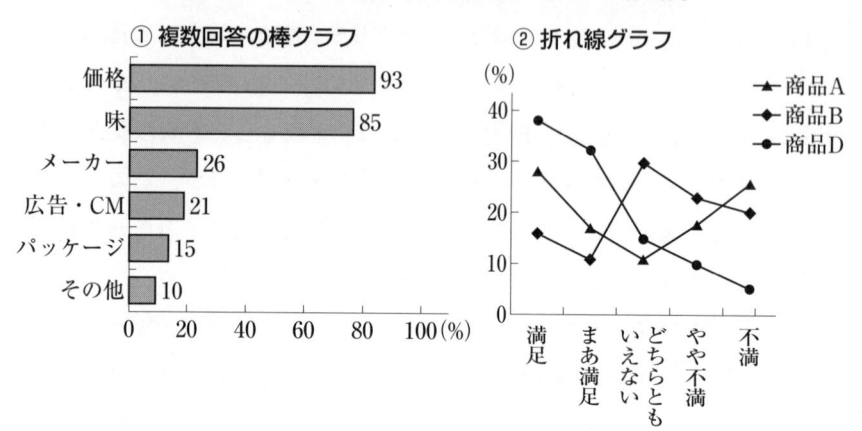

図表7-4 単純集計（複数回答）のグラフ作成例

① 複数回答の棒グラフ

- 価格 93
- 味 85
- メーカー 26
- 広告・CM 21
- パッケージ 15
- その他 10

② 折れ線グラフ

凡例：商品A、商品B、商品D

横軸：満足、まあ満足、どちらともいえない、やや不満、不満

(2) クロス集計表のグラフ化

　クロス集計表をグラフ化するには，棒グラフがもっとも適している．図表7-5は，ある商品の認知度を年齢別に分類したクロス集計結果をグラフで表したものである．クロス集計の棒グラフは，性や年齢，職業といった属性ごとの比較を行ったり，度数を強調したりしたい場合は，集合棒グラフを使う．図表7-5①をみると，それぞれの年齢層ごとに認知度の相違が把握しやすい．しかし，このグラフのように各年齢層のサンプル数が異なる場合，たとえば20代と30代の違いといった，年齢層別の違いをグラフから読み取ることはややむずかしい．こうした場合は100%積み上げ棒グラフにすることで，属性内のサンプル数が異なっていたとしても，属性内の相違を容易に把握することができる．図表7-5②は，①と同じデータを100%積み上げ棒グラフにしたものであるが，これをみると，年齢層が高くなるにしたがって認知度が下がっていくことが視覚的に理解できる．

　なお，グラフの作成方法については，Excelなど表計算ソフトのガイドブックを参考にしてほしい．

図表7−5 クロス集計のグラフ作成例

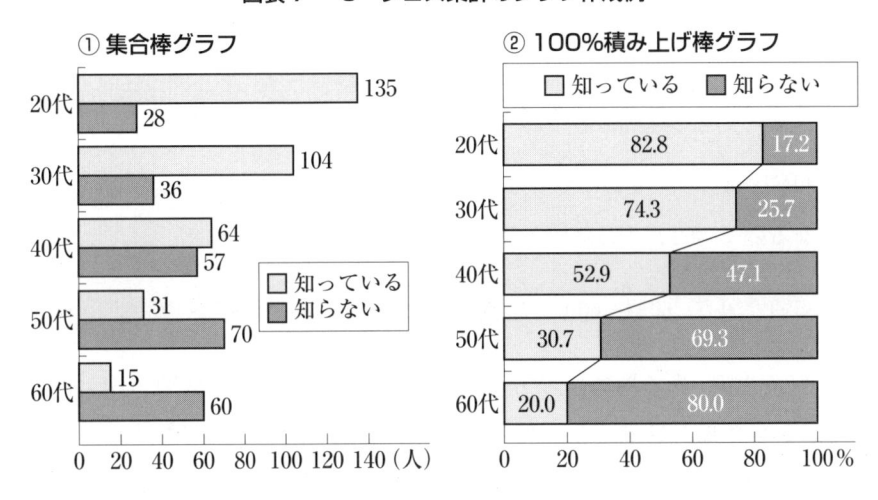

① 集合棒グラフ

年代	知っている	知らない
20代	135	28
30代	104	36
40代	64	57
50代	31	70
60代	15	60

② 100%積み上げ棒グラフ

年代	知っている	知らない
20代	82.8	17.2
30代	74.3	25.7
40代	52.9	47.1
50代	30.7	69.3
60代	20.0	80.0

3. データ分析の方法

(1) 基礎統計量

ここでは，数値データを理解するうえで必要となる基本的な「基礎統計量」について紹介する．数値データをみる場合，はじめに分布の中心と，その中心からのばらつきの程度を把握することが大切である．

まず，分布の中心を表す「平均値」「中央値」「最頻値」の3つの基礎統計量について，ある商品に対する満足度を100点満点で10人に尋ねた結果を示した以下のデータをもとに説明する．

80点，60点，50点，85点，60点，75点，45点，65点，80点，60点

平均値とは，データの値をすべて足したものをデータ数で除したものである．

$$\frac{80+60+50+85+60+75+45+65+80+60}{10}=66$$

中央値とは，データを大きさの順に並べた場合，中位に位置する値のことである．データの中位に位置するのは60点と65点のため，2つのデータの平均

値の62.5点が中央値となる．全データ数が奇数個の場合は，中位に位置するひとつのデータを中央値とする．

45点，50点，60点，60点，<u>60点，65点</u>，75点，80点，80点，85点

最頻値とは，データの中でもっとも頻繁に現れる値のことである．60点が3人となるので，60点が最頻値となる．

45点，50点，<u>60点，60点，60点</u>，65点，75点，80点，80点，85点

このように，ある商品に対する満足の例では，平均値が66点，中央値が62.5点，最頻値が60点という結果となった．それ程の違いはないと思うかもしれないが，これらの指標により大きな格差が生じる場合も多い．たとえば，2004年に行われた「家計の金融資産に関する世論調査」によると，調査世帯における金融資産保有額の平均値は1,022万円であるが，中央値は430万円，最頻値（100万円区分）は100万円以上200万円未満となる．平均値が1,022万円と聞くと現実を反映していないような印象をもつ人が多いであろうが，これは少数の高額資産保有世帯によって平均値が引き上げられた結果である．このように，平均値だけでは集団の中央を表す指標として機能しない場合があるので，正しく理解するためには平均値のみをみるのではなく，中央値や最頻値といった他の指標もあわせて把握する必要がある．

つぎに，データのばらつきを表す基礎統計量として，「分散」と「標準偏差」について，商品Aと商品Bに対する満足度を100点満点で5人に尋ねた結果を示した，以下のデータをもとに説明する．

商品Aの満足度：50点，55点，60点，65点，70点
商品Bの満足度：20点，40点，60点，80点，100点

データのばらつきをみるためには，個々のデータが平均からどの程度離れて

いるかをみる必要がある．商品A，商品Bとも平均値は同じ60点であるが，データの分布は異なっている．こうしたデータのばらつきの程度をみるための指標のひとつに「分散」がある．分散とは，偏差（データと平均の差）の2乗を合計した値である偏差平方和をデータ数から1を引いた数で割ったものである．具体的に，商品Aの分散を求めることにする．まず，以下の図表7－6のように，それぞれのデータについて，偏差の2乗を求める．

偏差平方和は，偏差の2乗を合計した値であるから，商品Aの場合，100 + 25 + 25 + 100 = 250 となる．また，分散は，偏差平方和をデータ数から1を引いた数で割ったものであるから，250 ÷ 4 = 62.5 となる．同様に商品Bの場合，偏差平方和は，1600 + 400 + 0 + 400 + 1600 = 4000 となり，分散は，4000 ÷ 4 = 1000 となる．

このような方法で，商品Aの分散（62.5）と商品Bの分散（1000）が求められる．分散が大きい方がデータのばらつきが大きいので，商品Aよりも商品Bの方が満足度のばらつきが大きいことが統計的に示されている．

なお，分散は算出の過程で偏差を2乗しているため，平方根にすることで元のデータの単位と統一した方がわかりやすい．この分散の平方根が，標準偏差である．商品Aの標準偏差は7.9，商品Bは31.6 となる．

図表7－6　分散の算出例

商品Aの満足度 （平均＝60）	50	55	60	65	70
偏差 （データ－平均）	$50-60=-10$	$55-60=-5$	$60-60=0$	$60-60=5$	$70-60=10$
偏差の2乗	$(-10)^2=100$	$(-5)^2=25$	$0^2=0$	$5^2=25$	$10^2=100$
商品Bの満足度 （平均＝60）	20	40	60	80	100
偏差 （データ－平均）	$60-20=-40$	$60-40=-20$	$60-60=0$	$80-60=20$	$100-60=40$
偏差の2乗	$(-40)^2=1600$	$(-20)^2=400$	$0^2=0$	$20^2=400$	$40^2=1600$

(2) 母集団の推定

1) 比率の推定

　たとえば，株式投資を行っている人から無作為に 300 人を抽出してアンケートを行った結果，この 1 年間で資産を増やしたと回答した人が 160 人いたとする．アンケートの対象者だけをみれば，1 年間で資産を増やした人は 53.3% と過半数を超えていることになる．しかし，母集団である株式投資を行っている人全体の過半数が資産を増やすことができたかどうかは，母集団を全員調べなければ正確にはわからない．現実的には株式投資を行っている人全員を調べることは不可能なので，母集団の数値を統計的に推定することになる．母集団値 (P) は調査データ (p) から 95% の確率で一定の範囲に収まることを，以下の計算式によって推定することができる．このように母集団を一定の範囲内で推定することを区間推定という．

$$p - 1.96\sqrt{\frac{p(1-P)}{n}} \leq P \leq p + 1.96\sqrt{\frac{p-(1-p)}{n}} \quad （信頼度95\%）$$

　この計算式から株式投資によってこの 1 年間で資産を増やした人は，95% の確率で 47.7 ～ 58.9% の範囲であると推定できる．この値から，母集団全体で考えると，過半数の人が資産を増やしているとはいえない可能性があることになる．こうしたカテゴリカル・データについての区間推計の計算式は，第 4 章 3. で解説したサンプリング誤差を求めるものと同様の方法である．つまり，母集団値は調査によって得られたデータを中心に，サンプリング誤差をあてはめた値ということになる．

　なお，信頼度 95% とは，仮に同じ母集団からサンプルを 100 回抽出し，それらから得られたデータにより区間推定を行えば，95 回は母集団の値がその範囲に含まれるという意味である．逆に考えれば，100 回のうち 5 回はその範囲から外れる可能性があるということになる（危険率 5%）．この信頼度は一般的には 95% が使われるが，調査の目的によって信頼度を変える場合もある．もっとも，信頼度を高くするとその分，推定区間の幅が広くなるので注意が必

要である．ちなみに，先の計算式の1.96を1にすると信頼度は68.27%となり，3の場合は99.73%となる．

2) カイ2乗検定

比率の推定と同様の考え方によって，調査によって得られたデータの特徴が母集団にも当てはまるものかどうかを確率的に判定することを統計的検定という．統計的検定には，いくつかの種類があるが，ここではカテゴリカル・データ間の関係を分析するクロス集計表に用いるカイ2乗（χ^2）検定を中心に解説を行う．

たとえば，第3世代携帯電話を所有しているかどうかを男性120人，女性80人の合計200人に調査し，図表7－7①のような結果を得たとする．これをもとに，カイ2乗検定を行うこととする．

ここで重要となるのが期待値である．期待値は，所有の125人と非所有の85人を，男性と女性の比率である120：80＝3：2によって分けることによって求められる（図表7－7②）．観測値がこの期待値と一致するかどうかということによって帰無仮説を設定する．帰無仮説と対立仮説は，以下のようになる．

　　帰無仮説：性別と第3世代携帯電話所有の有無は関連しない．
　　対立仮説：性別と第3世代携帯電話所有の有無は関連する．

つぎに，観測値と期待値からカイ2乗値を求め，それをもとに帰無仮説が棄却されるかどうかを確認する．カイ2乗検定では，カイ2乗分布表によって棄却値を求めることになる．棄却値は自由度によって異なる．自由度はクロス集計表の行と列それぞれの数から1を引いて乗じたものなので，図表7－7の自由度は（2－1）×（2－1）＝1となる．またカイ2乗値は4.36となるので，カイ2乗分布表の自由度1，危険率5%の場合の棄却値3.84よりも大きいことから，帰無仮説は棄却されることになる．つまり，対立仮説が支持されることから，性別によって第3世代携帯電話の所有率は異なるといえる．

図表7－7　観測値と期待値

① 観測値

（単位：人）

	所有	非所有	合計
男　性	82	38	120
女　性	43	37	80
計	125	85	200

② 期待値

（単位：人）

	所有	非所有	合計
男　性	75	45	120
女　性	50	30	80
計	125	85	200

　カイ2乗検定の手順は以上のようになるが，SPSSなどの統計ソフトやExcelなどの表計算ソフトを使うことによって容易に行うことができる．その場合の結果の読み取り方を概説する．

　統計ソフトでカイ2乗検定を行うと，容易に有意確率を得ることができる．有意確率とは，グループ間で差がないと仮定したときに，偶然差が生じる確率のことである．つまり，グループ間の差は偶然生じたとする帰無仮説を棄却できるかどうかを有意確率の値によって判断することになる．通常，有意確率が0.05（5%水準）未満の場合に帰無仮説は棄却され，グループ間の差は偶然生じたのではないとする対立仮説が支持されるので，差が認められることになる．また，その程度として，0.05（5%水準），0.01（1%水準），0.001（0.1%水準）が利用されることが多い．

　実際に統計ソフトでカイ2乗検定を行ってみる．図表7－7①のデータを使って，統計ソフトで検定を行うと，有意確率0.037という結果が得られる．この値は0.05よりも小さく，5%水準で有意な差が認められることになり，グループ間に統計的な差があるといえる．一方，図表7－8①のデータでは有意確率は0.684と0.05よりも大きく，有意ではないので差は認められないことになる．

　また，ここまでは2×2分割表（2行2列のクロス集計表）について説明したが，それより大きな行または列をもつ分割表についても，同様にカイ2乗検定を行うことができる．統計ソフトで図表7－8②の検定を行うと有意確率は0.001より小さくなり，0.1%水準で有意な差が認められることになる．

図表７－８　クロス集計表を元にしたカイ２乗検定

① クロス集計表　　　　② クロス集計表

（単位：人）

	所有	非所有	合計
男性	68	52	120
女性	43	37	80
計	125	85	200

（単位：人）

	満足	まあ満足	やや不満	不満	合計
男性	36	43	23	18	120
女性	8	34	43	35	120
計	44	77	66	53	240

　カテゴリカル・データ間の関係を検定するカイ２乗検定に対して，数値データである平均値の差の検定は，ｔ検定や分散分析を行うことになる．ｔ検定は２つのデータの平均の相違を検定する場合に，３つ以上のデータの場合は，分散分析を用いる．

　ｔ検定は，量的データについて，サンプルから得られた２つのグループの平均の差が母集団においても認められるかどうかを検定する方法であり，対応がある場合と対応がない場合によって手順が異なる．対応がある場合とは，たとえば，ある商品に関する説明を受ける前と受けた後ではその商品に対する評価点に違いがあるかといった場合である．対応がない場合とは，たとえば，大学１年生と大学２年生ではアルバイトによる収入に違いがあるかといった場合である．

　３つ以上のグループにおける平均の相違はｔ検定では行えないので，分散分析を用いることになる．分散分析とはサンプルが２つ以上ある場合に有意性を検定する手法であり，全体的な相違が認められた場合はどこに相違があるのかを検討することもできる．分散分析には１元配置の分散分析と，繰り返しのない２元配置の分散分析，繰り返しのある２元配置の分散分析の３種類がある．ｔ検定や分散分析の機能は統計ソフトや表計算ソフトに備わっている．

　なお，カイ２乗値の求め方，ｔ検定や分散分析の結果の見方などについての詳細は，統計学の解説書を参考にしてほしい．

(3) 多変量解析

　調査をさまざまな角度から検討し，その中に含まれている意味を見出す場合，2つの変数間の関連を調べるクロス集計だけではむずかしい場合もある．こうした多くの変数間の関連を分析する場合に利用される方法に多変量解析がある．多変量解析とは複数の変数に関するデータをもとにして，これらの変数間の相互関連を分析する統計手法のことである．

　多変量解析には変数の種類や目的に応じて多くの種類があるが，従属変数（目的変数）があるかないかによって大きく分類でき，また量的データと質的データをどのように組み合わせて扱うかによって分けることができる．

　従属変数がある多変量解析は，特定の項目を複数の要因によって説明や予測などを行うといった，独立変数によって従属変数の変動を説明するモデルをつくる方法である．独立変数と従属変数が，それぞれ量的データか質的データかという組み合わせによって，4つに分類される．また，従属変数が存在しない多変量解析は，データを集約，分類したり，変数間の関連を要約したりしたいといった場合に用いられる手法で，要因と結果を区別せず，変数間の相互関係を明らかにする方法である．独立変数が量的データか質的データかによって，2つに分類される．多変量解析の主な手法は，図表7－9に示す．

　多変量解析の詳しい方法や結果の解釈の仕方については，解説書を参考にしてほしい．多変量解析は統計ソフトや表計算ソフトによって，比較的容易に分析結果を出すことができるが，安易に行うのではなく，データの意味を正しく

図表7－9　多変量解析の主な手法

従属変数	独立変数	主な手法
量的	量的	重回帰分析
	質的	数量化Ⅰ類
質的	量的	判別分析
	質的	数量化Ⅱ類
なし	量的	主成分分析，因子分析
	質的	数量化Ⅲ類

理解し，目的に合った適切な手法を用いることができるよう，正しい知識をつけることが大切である．

演・習・問・題

問1　単純集計とクロス集計を行う際の注意点を述べなさい．
問2　中央値，最頻値，分散，標準偏差などの基礎統計量の意味とその算出方法を説明しなさい．
問3　カイ2乗検定の方法と見方について説明しなさい．

参考文献

Bohrnstedt, G. W. and D. Knoke（1988）*Statistics for Social Data Analysis* 2nd ed., F. E. Peacock Publisher, Inc.（海野道郎・中村隆監訳『社会統計学』ハーベスト社，1990年）
馬場浩也（2002）『SPSSで学ぶ統計分析入門』東洋経済新報社
近藤光雄（2004）『マーケティング・リサーチ入門』日本経済新聞社
松尾太加志・中村知靖（2002）『誰も教えてくれなかった因子分析』北大路書房
森岡清志（1998）『ガイドブック社会調査』日本評論社
大村平（1985）『多変量解析のはなし―複雑さから本質を探る』日科技連
大谷信介ほか（1999）『社会調査へのアプローチ』ミネルヴァ書房
酒井隆（2002）『調査・リサーチ活動の進め方』日本経済新聞社
内田治・醍醐朝美（2001）『実践アンケート調査入門』日本経済新聞社
涌井良幸・涌井貞美（2003）『Excelで学ぶ統計解析』ナツメ社

《推薦図書》

1. 大村平（1985）『多変量解析のはなし―複雑さから本質を探る』日科技連
   多変量解析について理解しやすい例をもとに，平易に解説．
2. 馬場浩也（2002）『SPSSで学ぶ統計分析入門』東洋経済新報社
   統計ソフトSPSSによる統計分析の方法を初心者にもわかりやすく解説．
3. Bohrnstedt, G. W. and D. Knoke（1988）*Statistics for Social Data Analysis* 2nd ed., F. E. Peacock Publisher, Inc.（海野道郎・中村隆監訳『社会統計

学』ハーベスト社, 1990 年)
　　　研究課題を解決するための道具として統計学を習得することを目指した解説書.
4. 松尾太加志・中村知靖（2002）『誰も教えてくれなかった因子分析』北大路書房
　　　数式を使わずに説明を行っており，初心者にも容易に因子分析が理解できる.
5. 涌井良幸・涌井貞美（2003）『Excel で学ぶ統計解析』ナツメ社
　　　表計算ソフト Excel を使って，基本的な統計手法を学ぶことができる.

第IV部
レポート・論文・プレゼンテーション

経営の学び方

- 第I部　経営を楽しく学ぶ
- 第II部　聴く, メモる, 話す
- 第III部　情報検索と調査・分析
- 第IV部　レポート・論文・プレゼンテーション
  - 第8章　研究の進め方とレポートと論文
  - 第9章　論文作法
  - 第10章　プレゼンテーションとビジュアル化(図解技法)
- 第V部　考え方, 問題解決法

第8章の要約

　レポートや論文は研究しなければ書くことができない．いきなりレポートや論文を書き始めているとすれば，ただ何人かの参考文献を転写しているに過ぎない．「はじめに研究ありき」を基本に調査研究の成果である研究ノート，レポート，論文とは何かを明らかにし，その書き方の基本を検討する．

　そしてレポート，論文の基本である研究について，キー概念や研究テーマ（リサーチ・クエスチョン）の見つけ方，証拠立ての方法について考察する．

第8章 研究の進め方とレポートと論文

1. 調査研究成果物

　調査研究の結果，成果をどのようにまとめるかは重要な問題であるが，大学生にとっては授業でのレポート提出そして卒業論文をはじめ，さまざまな論文が課題として与えられるのが一般的であろう（阿部，2002）．したがって事前に研究成果をどのようにまとめるかは指示，指定されており，自らどのような形式にするかを考え，選択する機会は少ないかも知れない．それだけに，レポートと論文の違いを理解しておくことはきわめて重要である．そして調査，研究成果は，もうひとつ研究ノートという形式もあることも確認しておこう．図表8－1はその3者の特徴を比較したものである．

図表8－1　研究ノート，研究レポート，論文の比較

	研究ノート	研究レポート	論文
目　的	研究資料の整理，要約（整理する）	現状分析・解決策や主張の提示（報告する）	理論仮説づくり，提示（論を立てる）
評価基準	適確性，緻密性	緻密な分析，解決策の実現性，有効性，主張の説得性	論理一貫性，説得性，独創性
対応する主要文献	教科書・入門書	調査報告書，専門雑誌，実務書	論文集（学会誌），専門書

(1) 研究ノート

　すでに授業ノートについては考察したが，ここでは調査研究の成果物のひとつとしての研究ノートについて整理しておこう．

　実は研究ノートといってもいくつかの種類に分かれるので注意が必要である．学術雑誌などでは研究論文とは別扱いで，研究ノートあるいは資料論文として，研究論文より短い作品が掲載されていることが少なくない．その場合の研究ノートはいくつかの重要な資料の紹介や，事例の紹介，さらには過去に発表した論文や著書のその後の成果や追加ないしは補足的な研究成果の紹介などが研

究ノートとして発表される．こうした学術雑誌や研究者の間で通称される研究ノートとは異なり，ここでの研究ノートは，研究過程で読んだり，分析した資料や参考文献を要約したり，重要な記述を論文に引用する目的で写しとったりしたものを研究ノートとして検討したい．

　大学生にとっての研究の重要な部分は読書にあることはいうまでもない．したがって研究の参考文献などとして読んだ本の内容の要約や所感をメモしておくことは重要な研究作業の一部である．以前は「読書ノート」などとよばれたり，ノートではなく代わりにカードを使用することが流行したこともあった．また昨今では，パソコンに直接インプットし研究ノートに代替する人もいる．さらに中心的文献は書籍そのものに何色かの蛍光ペンや色鉛筆でマークをしたり，あるいは付箋をつけたりしてメモ代わりに活用することも一般化してきている．ここでは，それらを総称して研究ノートとよぶことにしよう．

① 留意すべき点

　研究ノートとして何をメモするかがもっとも重要なことはいうまでもない．その第1は，研究テーマに関することで，その著書のポイント，重要と思った点の整理である．問題なのは，その重視するものは何かである．それはいうまでもなく，自らの主張や仮説を裏づける内容，あるいはデータなどである．逆に反論や仮説を否定するデータなども貴重な資料としてメモを忘れないことである．

　第2は，研究テーマについて論争になっている点，どのような主張や考え方があるのか，さらには自分の研究テーマとは少し異なるが隣接，関連する研究テーマについても同様に論争点やいくつかの主張などをメモしておくことは自らの研究テーマを深く考えたり，新たな発想を得るヒントにもなるので，見逃せないメモのポイントであろう．

　第3は，研究テーマに関連する研究の方法，あるいは研究の歴史や，経緯も研究を深めるうえで貴重なメモのポイントである．

　そして第4は，研究テーマに関連し，その本の著者が参考にしたり引用した

りしている文献のデータである．これによって貴重な著作に芋づる式にたどりつくきっかけを得ることになろう．

　第5は，どのようなことが今後の研究課題として指摘されているのか，どのような点が研究上の問題点として残されているかである．それは自らの研究の方向を定めたり，自らの研究の範囲や限界を自覚することにもつながり，貴重な情報のひとつである．

　② 引用ページのページ数も

　研究ノートは前述した内容をメモすることがポイントであるが，ともすると，その著書の著者名，著書名，出版社名，刊行年のメモを忘れてしまうことがよくある．そうすると後に引用したり，参考文献として掲載するときになって記述できないことになり，再びその文献を探したり，図書館から再度借り出さなければならないことになってしまう．とくに引用しようとする箇所についてはページ数のメモが欠かせない．どこに書かれていたのかを後になって探し出すことはきわめてむずかしい作業となり，みつからなければ，その文章は引用できない羽目になってしまう．

(2) 研究レポート

　研究レポートを「1，2冊の本を読んで，要約して提出するもの」と軽く考えている学生もいる．さらには期末に，その期間の欠席回数の多いのを補うための救済を求めて提出するものと考えている学生すら少なくない．そこで改めて研究レポートの目的，種類や条件を考えることにしたい（江川，1998）．

　研究レポートは授業に関連した事項を調査・分析したり，自らの考えや主張をまとめ報告することによって，主体的に研究・学習に取り組むことを促進することを狙っていることはいうまでもない．そうした活動を通じて関連テーマの理解を高め，かつ深めることを目的としているといえよう．したがって友人のレポートを写したり，ひどい場合には課題とはまったく異なるテーマの内容であったり，インターネットで検索したホームページを整理もせずにプリント

したり，貼り付けたりしただけのものを提出するのは，まったく無意味である．そうした規定の枚数や形式のみを満たし，まったく無内容なレポートに出会うことも少なくないが，それは教師がレポートの提出の有無のチェックで，内容まではチェックしていないだろうという仮定に立っていたり，提出しさえすれば，点数はもらえるだろうという甘えが潜んでいるケースが少なくない．担当教授によっても異なることはいうまでもないが，授業の評価が厳しくなる一般的傾向の中で，研究レポートのチェックや評価も厳しくなり，また配点も高くなってきていると考えた方がよさそうである．

1）研究レポートの種類

　研究レポートといっても課題が与えられるレポートと自由にテーマを決めてレポートする，すなわち課題レポートと自主研究レポートに二分される．課題レポートはその課題を表面的言葉を勝手に解釈せず，じっくり考えて取り組むことがスタートとして重要であるが，それ以上に自主研究レポートは何をテーマとして取り上げるかが問題であり，重要である．なんでも良いとはいえ，授業の流れや，それに関連した社会やビジネス動向も考え合わせてテーマを設定する必要がある．自由だからといって安易に他の科目の提出レポートの課題を借用し，内容も同一のものを二重活用すれば，そのテーマのとらえ方や論述の視点や方法で他の科目用のレポートであることはすぐにわかってしまう．

　研究レポートのもうひとつの種類として研究・分析結果を報告するタイプと自らの意見や提案をするタイプに区分できる．それぞれを調査・報告型と主張・提案型とよぶことにしよう．調査・報告型はテーマに関する文献・資料あるいは場合によってはフィールド・スタディをして現状分析や実態・動向分析をし，分析結果を報告することが中心となる．一方，主張・提案型は自らの考えや案を報告するものであるが，その考えや提案の根拠や裏づけがなければ単なる感想文や意見書になってしまい研究レポートとはいえない．したがって自らの意見や提案をまとめるためには文献・資料の収集，そして分析や考察が必要となる．

2) 研究レポート作成上のポイント

① テーマの明確化

　研究レポートのテーマが与えられる課題研究であっても，自主設定の自主研究課題であっても，何を報告するかの明確化が第一に重要である．そこが不明確でブレていては調査・分析もレポートの論述も一貫性のない，結論も曖昧なものとなってしまう．中心となる概念，キーワードの明確化からスタートすることが賢明である．それには関連概念やキーワードも列挙して考察し，焦点をはっきりさせることが欠かせない作業である．

② まずはマスター・プランづくり

　テーマが明確化すれば，関連資料や文献の収集，そして分析，自らの考え方の整理とレポート記述等のマスタープランづくりが重要である．中には時間にルーズな教授がいないわけではないが，提出期限に間に合わせることが最低条件であり，その日時から逆算して調査分析時期，レポート作成日程を計画する．

③ 研究・調査なくしてレポートなし

　前述したとおり研究レポートは1，2冊の文献を読んで整理，要約することではない．自ら調査・研究し，分析・考察したうえで，その分析結果や主張ポイントや提案を記述・報告するのであるから，前半の調査・研究のプロセスは欠かせない．さまざまな文献に当たったり，いろいろな機会に考えたり，思いついたときにはメモを取ったりするプロセスが重要である．試験準備とは異なり，一夜漬けでは研究レポートはできないのである．

④ 何をどのように報告するか

　調査・分析をつづけるうちに分析結果の報告にしろ，新たな主張・提案にしろ，そのポイントが絞り込まれてくる．漠然としているうちはまだ研究分析が足りないと思ったほうがよい．ポイントが絞られれば，それをどのような手順で，どのように記述すれば理解しやすいのか，説得力が高まるのかを考えることになる．そして文章の基本である「起承転結」をどうするか，レポートの構成を具体的に考える．

ちなみに起承転結の起は問題提起であり，問題意識や研究テーマの焦点，研究方法や枠組みを提示する．いわゆるはじめにとか，研究課題といった部分である．承は受け継ぐことを意味するが，第1の起を受けて論を展開するスタート部分である．研究テーマに関する過去の研究を紹介・分析したり，論点を明確にし，自らの論の方向を示したりする．転は「意を転ずる」ことを意味しているが，承の部分の論述から転じて反論を提示し，それを批判したり，証拠を示したりする．そして結は文字通り結論を明示するのである．一般的な構成として序論，本論，結論などともいわれるが，起が序論に該当し，承転が本論，そして結が結論であることはいうまでもない．

　⑤　結論は明確に

　何を報告したいのか，主張したいのかの研究レポートは少なくない．2冊の本を要約したりすれば，論者の異なる考えがそのまま並存したり，矛盾があったりすることはしばしばである．前半部分と後半で異なり一貫していなかったり，さらには研究課題について結論部分では何も答えておらず，異なることが論じられる場合も少なくない．研究課題の結論が述べられているか確認することは忘れてはならない．

　⑥　形式を整えることも忘れない

　表紙に研究テーマ，提出年月日，提出者の学籍番号，氏名が記入されており，きちんとホッチキス等で閉じられていることは最低限の形式要件である．そしてページ数，章や節番号の統一も重要である．しかし，節といっても比較的分量が少ない研究レポートで第1章，第1節と区分するのは大げさであろう．したがって区分は数字Ⅰ，1．，(1)，①などを使って，分量のバランスも考慮しながら読みやすく，理解しやすく区分することが重要である．

　また手書きか，ワープロかもIT時代の今日では重要な形式要件である．

　⑦　基本条件としての提出期限，様式，方法

　提出期限を厳守することは社会人の基本マナーであり，原則であることはすでに述べたが，研究レポートの用紙サイズも指示がある場合は注意する必要が

ある．そして，どこの誰に提出するのか，さらに最近ではインターネットを使ってウェブで提出するのか，プリントアウトしたものを教室に持参して提出するのかといった提出方法も見逃せない．それを間違えるとせっかく期日に提出しても，方法間違いで，提出期限が遅れてしまうことにもなりかねない．

2. 論文とは何か

(1) 論文は2つの概念の関係づけを証拠立てた文の集合

論文は文字通り論じた文であり，ある理論，仮説の証明，証拠立てを論じたものである（清水, 1959；新堀, 2002）．さて理論あるいは仮説は2つの概念の間の関係づけであり，概念間の関係づけたものが理論に他ならない．しかしその関係づけも100％成り立つかどうかは必ずしも保証はない．一定の条件で成り立つかも知れないし，成り立たないかもしれない．あるいは今までは関係づけが多くの研究者によって支持されてきているが，今後ともその関係づけが成り立つか否かは不明であり，理論は全て仮説であり，理論仮説とよぶ場合も少なくない．

たとえば図表8-2のように強い企業文化をもつ企業は常に業績がよく高い経営成果をあげていることの関係づけがひとつの理論であり，証拠立てたものが理論であり，その関係を証拠立てた文の集まりが論文ということになる．そこで重要なのは「強い企業文化」と「高い経営成果」の意味であり，すなわち2つの概念の定義がその関係づけを大きく左右する．「強い企業文化」をその企業の理念が従業員の間に幅広く，深く浸透していることと定義し，「高い経営成果」を同業種の年平均営業利益率を上回ることと定義しよう．その定義に

図表8-2 2つの概念の関係づけの一例

強い企業文化 → 高い経営成果

基づき，2つの概念の関係を証拠づけるデータや事例を集めたり，なぜそうした関係づけが成り立つのかを論理的に考察し，論証した文章の集合が論文に他ならない．

このような2つの概念間の関係づけも，すでにその関係づけが他の研究者により，ひとつの理論仮説として提示されている場合と，そうした関係づけには焦点が当てられておらず，新たな仮説として提示する場合，大きく2つに区分される．前者は過去に示された仮説を再検証する論文であり仮説検証型論文ないしは研究とよばれる．後者は新たな仮説の発見であり，構築であり，仮説発見型の研究ないしは論文とよばれるのである．

(2) 概念の定義こそ命

2つの概念の間の関係づけが仮説であり，理論だとすれば重要なのは2つの概念の明確化，精緻化であることは言うまでもない．一つひとつの概念が曖昧なままでは，2つの概念の関係づけはもっと曖昧なものになってしまうことになる．経営学をはじめ社会科学においては概念こそが命であり，概念のユニーク性と精緻さが斬新な仮説，現象を鋭くえぐり取る理論の基盤となるのである（野口, 1997）.

そこでひとつの概念の明確化のためには類似の概念や用語の分析，検討が必要となる．とくに新たな概念をつくり，それに基づき仮説づくりを目指すのであればなおさらである．もちろん既存の概念を使用するにしても，関連，類似する概念との共通性，相違性をはっきりすることが求められる．

図表8－3は概念を明確化するための，類似概念間の検討・分析のための枠組みであるが，それぞれの概念との共通点そして相違点を明らかにし，そのうえで，自らが焦点をあてる概念の定義づけをすることが必要となる．

(3) 論文の基本は研究テーマ（リサーチ・クエスチョン）

概念の定義づけは，その前の何と何の概念の関係づけを問題にするか，言い

図表 8－3　類似概念の区分と明確化

	概念 A	概念 B	概念 C
特　徴			
共通点			
相違点			

換えれば何を論文・研究の主題にするかの研究テーマこそが基本問題となる．研究テーマを与えられて書く論文と，自ら研究テーマを選択，設定して書く論文と大きくは2つに分けられるが，ここでは自分で研究テーマを設定して研究・論文作成するものを中心に考えよう．

　一般的に卒業論文のテーマといった場合には経営学においては中国経営についてとか，環境問題についてとか，ブランド・マネジメントについてなどがまず頭に浮かぶであろう．社会のもっともトレンディな話題に関心が集まるのは悪いことではないが，あまりにも日常的な話題に振り回されるのも問題である．それはともかくとして，こうした「……について」といった問題意識は研究分野をそのあたりに絞ろうということで，これは研究分野であり，研究テーマはより絞り込む必要がある．中国経営というのは在中日系企業の問題なのか，中国の国営企業の問題なのか，さらには中国経営といっても経営全般ではとてつもなく大きな領域であり，日本人管理者のリーダーシップに関する経営問題なのか，企業文化の構築についての問題なのかといった多くの課題が含まれる研究課題（群）に絞込みが必要となる．

　さらに前述した論文が2つの概念間の関係づけの証拠立てであるとすれば，どの概念を取り上げるのか，さらに絞り込む必要がある．すなわち先の「強い企業文化」と「高い経営成果」といった2つの概念の関係づけを研究テーマ（リサーチ・クエスチョン）とし，「強い企業文化が高い経営成果をもたらす」ことを仮説（命題）として取り上げようということに絞り込まれる．こうなってはじめて研究テーマとよべる焦点化ができたことになる．

　すなわち研究分野，そして研究課題（群），研究テーマ（研究主題）という

3段階でテーマが絞り込まれ，さらに仮説（命題）が明確化されたのである．

　一般に「……について」研究は絞込みがなされておらず，まだ研究分野の段階であり，さらに絞り込み，研究テーマは狭ければ狭い方が良いといわれるゆえんである．まさに「重箱の隅を突っつく」つもりで研究テーマを設定する必要がある．研究テーマが大きすぎれば大きすぎるほど，論文は他者の本の要約となり，自らの主張や独自な見方を提示することは不可能になってしまう．その意味からも研究テーマの絞込みがきわめて重要である．

(4) 研究テーマをどうみつけるか

　何度も「問題意識をもつこと」の重要性は指摘され，耳にタコができた学生も少なくないだろう．さらには「批判なくして学問なし」「批判的精神こそ研究のスタート」などともいわれる．その意味するところは，論文や書籍を読んで，「何か変」「少し違うのではないか」「どうもしっくりしない」という不快感を大事にし，そのズレや違和感をより深め，分析することが研究テーマを絞り込むスタートになる．

　具体的に研究分野を選択し，研究課題群を絞り，さらに研究テーマを設定するには大きく2つのアプローチがあるだろう．

　① 好奇心アプローチ

「面白そうだ」「不思議だ」という興味，関心からスタートし徐々にその興味を膨らませたり，深めたりする方法である．多くの学生はなんとなく，あるいは曖昧ではあるが「面白そう」という漠然としたイメージで研究分野を選択する．そして何冊かの文献を読み徐々に研究課題群を絞り込んでいく．しかしその場合は，さらに絞り込んで研究テーマにたどり着きにくい傾向がある．その原因の多くは興味・関心が漠然とし，広いために，収集する情報も一般書や教科書が中心となり，焦点が定まらず，興味を深めることにむずびつかないためである．

　その対策は，興味関心をもった研究分野の専門書や論文を読み，どのような

テーマが取り上げられているのか，どのような議論がなされているのか，どのようなことが研究課題として指摘されているのかを探索する必要がある．そうしたことをヒントに自らの興味・関心の焦点を深め，研究テーマを絞り込むことが重要となる．

② 疑問アプローチ

　自分の研究領域の中でどのような研究課題群に焦点を当てるかが比較的明確な学生は，すでに幾つかの研究論文や専門書を読み，その中での議論や考えに「何か違う，何かしっくりしない」，あるいは「現実とズレがある」ことを感じ，その疑問や違和感から研究テーマを絞り込む方法である．すでにかなり突っ込んだ情報収集をし，文献等を読んでいるので，テーマへの絞込みは比較的容易であろうが，それでも絞込みができなければ，考え方や仮説の異なる点を探し，どこが異なるのか，なぜ異なるのかを考えて研究テーマを絞り込むこともできる．あるいは論者が指摘している残された研究課題などをヒントにするのは前述のアプローチと同様である．

　いずれの方法をとるにせよ，自らの関心や疑問，違和感のある点の概念を列挙し，概念間の関連づけをし，ブロック・チャートに図式化してみることは重要である．そのブロック・チャートを検討しながら，徐々に自らの研究テーマとしての概念を絞り込んでいくと，自らの研究テーマも鮮明になり，また関連する概念との関連や，研究テーマの位置づけも可能となる．

　図表8－4はその一例であるが，たとえば以下のような関連の中から，太枠の2つの概念の関連づけを研究テーマとして選択し，他の概念との関連も意識しながら研究を進めることができる．

(5) 研究可能性の検討

　いかに優れた，挑戦的な研究テーマであっても最終的には，その研究の可能性をチェックして決定しなければならない．すなわち可能性は，まず残された研究期間で自らの能力で結論を導くことができるテーマなのかである．

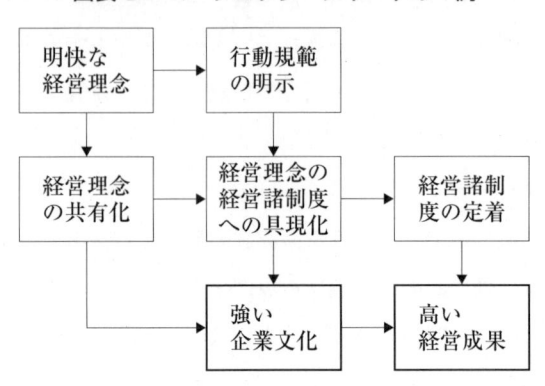

図表8－4　ブロック・チャートの一例

```
┌─────────┐    ┌─────────┐
│ 明快な  │───▶│ 行動規範│
│ 経営理念│    │ の明示  │
└─────────┘    └─────────┘

┌─────────┐    ┌─────────┐    ┌─────────┐
│ 経営理念│───▶│経営理念の│───▶│ 経営諸制│
│ の共有化│    │経営諸制度│    │ 度の定着│
│         │    │への具現化│    │         │
└─────────┘    └─────────┘    └─────────┘
                    │              │
                    ▼              ▼
              ┌─────────┐    ┌─────────┐
              │ 強い    │    │ 高い    │
              │ 企業文化│    │ 経営成果│
              └─────────┘    └─────────┘
```

　さらにはデータ収集等にどのくらいの費用，資金がかかるのか，その資金が用意できるのかの重要な研究可能性のチェック事項である．そうした能力や時間そして資金などの研究可能性をチェックしたうえで研究テーマの設定をすることも忘れてはならない

(6) 証拠立てとしての調査研究

　さて研究テーマが決まれば，そのテーマについてどのように証拠立てるかを考える必要がある．この証拠立てこそ論文作成のための調査研究に他ならない．一般に論文提出や卒論作成というといきなり論文の構成を考えて，論文作成に着手しようとする学生は少なくない．論文とは前述してきたように論じるものであり，概念の間の関係を証拠立てたものであるから，論文作成には証拠立ての調査研究の実施が大前提である．すなわち，論文作成は「はじめに調査研究ありき」で調査研究のプロセス抜きの論文はあり得ないことを再認識する必要がある．

　証拠となる先行研究の探索，資料，調査報告書などの文献の収集，あるいは自らアンケート調査やインタビュー調査などを行い，新たなデータを収集することも必要となる（調査方法等については第6章を参照）．

　証拠立てる方法は大きく3つに区分できる．

① データ（量的実証）数量的なデータを収集し，それによって証拠立てる方法
② 詳細事例（質的実証）詳細な事例研究や事例分析による質的に実証する方法
③ 論理（論証）論理に従って証明する，すなわち論証による方法

また①②の方法による証拠立ては一般な研究方法の区分として実証的研究とよばれ，③は理論的研究として区分されることが多い．

この3つの方法はどれを中心とするかによって研究方法も異なることはいうまでもないが，もちろん複数の方法を併用することは可能である．その証拠立てが明快であればあるほど，説得力の高い論文とすることができる．

大学生の論文では身近な現象への関心の高さや，研究の容易さなどから事例研究がポピュラーといえようが，基本的には研究テーマにもっとも適切な方法は何かを考えて選択することが重要なことはいうまでもない．いずれの方法を採用する場合でも論点を正確に証拠立てるデータあるいは事例なのか，ポイントがずれた証拠になっていないか，すなわち証拠の妥当性と，その証拠は信頼の得られるデータや事例なのかという信頼性，そして一時的であったり，特例的なデータや事例なのではない，一般化できるものであるのかといった一般性を常に確認，検討しながら証拠集めによる証拠立てが必要となる．

演・習・問・題

問1　今までに書いた研究レポートを振り返り，その問題点は何ですか．
問2　本章を読んで自主研究レポートを作成してみて下さい．

参考文献

阿部哲也（2002）『レポート論文の書き方入門』慶應義塾大学出版部
江川純（1998）『レポート・小論文の書き方』日本経済新聞社

野口靖夫（1997）『考える技術』創元社
清水幾太郎（1959）『論文の書き方』岩波書店

《 推薦図書 》
---

1. Remenyi, D. williams, B., Money, A. & Smartz, E. (1998) *Doing Research in Business and Management*, Tech Trans, Limited.（小樽商科大学ビジネス創造センター訳『社会科学系大学院生のための研究の進め方：修士・博士論文を書くまえに』同文舘，2002年）
    研究の進め方を体系的に解説した基本書．
2. 松岡正剛（2000）『知の編集術：発想・思考を生み出す技法』講談社
    発想法，編集法，まとめ方を具体的に解説．
3. 伊丹敬之（2001）『創造的論文の書き方』有斐閣
    大学院生向けに書かれた研究・論文の進め方の本質を考える書．
4. 藤本隆宏（2005）『経営学研究法』有斐閣
    経営学の研究法を実例をとりあげながら詳しく解説．
5. 轡田隆史（1997）『考える力をつける本』三笠書房
    考える力を身につける考え方から技術までの解説書．
6. 東郷雄二（2000）『東郷式文科系研究生活術』夏目書房
    院生向けにわかりやすくかつ具体的な研究生活入門書．

第9章の要約

　ここでは論文の具体的作成方法を検討する．まずは論文に必須の7要素である，問題意識，先行研究，研究テーマ，研究視点・枠組み・方法，本文・結論，残された研究課題，論文タイトルの確定についての順で考察する．

　さらに論述の方法とポイントを明らかにする．そして論文にとって，読者が原文に当たることを容易にするために，とくに重要な引用の仕方や引用・参考文献の書き方を解説する．経営学分野で一般的なそのルールは身につけたい．

　最後に，一般的な論文の評価基準である形式性，網羅性・誠実性，緻密性（分析性），論理一貫性，独創性について検討する．

第9章　論文作法

1. 論文に必要な7要素

　論文作成には，まずは証拠立てとしての調査研究が大前提となることはすでに第8章で検討した．それを振り返りながら論文作成の基本的課題，言い換えれば論文に必要な基本要素7項目を取り上げて考察することにしよう（鷲田，1999，新堀，2002）．

　1) 問題意識（問題の所在，研究目的）

　研究テーマは今までの授業ノートあるいは読書ノート，そして新たな文献研究を通じて，研究分野そして研究課題群に絞り込まれていく．そうした過程を通じて，自分はどのような問題意識をもっているのかを再認識したり，中心的な研究テーマはどのような諸問題の関連の中に存在しているのか，そしてなぜその研究テーマを取り上げるのかが徐々に明確になってくる．それが問題意識であり，あるいは問題の所在とか，研究目的といわれるものである．

　問題意識は必ずしもはじめから明確であるわけではない．多くの先行研究などを通じて徐々にみえてきたり，研究を進める中でだんだん浮き彫りになってくるものである．

　2) 先行研究

　先行研究とは自らの研究テーマに関連するすでに発表された研究成果である論文や著作，あるいは学会等での発表をさす．研究テーマがユニークであれば，あるほど先行研究は少なく，一般的なテーマであれば数多くの先行研究が論文集や学会誌の中から見出すことができる．しかし，それもはじめから，どれが自らの研究の先行研究であるかは不明であり，研究分野の参考文献を読み進めるうちに，重要なあるいは興味深い研究課題群に絞り込まれ，それに関連する文献を探索している中から重要な先行研究を見出すことができるのである．

　それには参考文献を読みながら，どのような論点があるのか，そしてどのような考え方，結論があり，また論争の争点になっているのか，またその論点に

ついてどのような視点からの研究があるのか，さらには研究の枠組みや方法の違いに着目する必要がある．それらは，たとえば図表9－1のような先行研究の比較表などに整理すると，その特徴がより明確になろう．

先行研究のテーマはいうまでもないが，どのような研究視点から研究がなされ，その研究の枠組みや方法，そして結論は何かである．さらにいくつかの研究の流れの中で，その研究によって，何が明らかにされたのか，何がまだ不明で残された研究課題なのか，その研究の特徴と位置づけを明確にすることも必要である．

図表9－1　先行研究の比較

	研究者名	主要論文	研究テーマ	研究視点・枠組み・方法	結論	明らかになった点	残された課題	特徴
研究A								
研究B								
研究C								

いずれにせよ多くの先行研究に当たることが自らの適切な研究テーマの設定や仮説や結論の方向づけにとってきわめて重要である．したがってひとつの文献に登場する論者や論文，紹介されている引用文献や参考文献を追いかけていくと宝の山をみつけることができるであろう．それも研究の楽しみであり，また醍醐味でもある．一冊300ページの本を読んでも参考にできるのは1ページに過ぎないこともあるし，多くのヒントや調査データに出会うこともある．そうした宝探しの楽しみもぜひ研究プロセスで味わってほしいものである．

3)　研究テーマ

先行研究の研究を続ける中で，自ら取り組みたい，取り組むべき研究テーマがより鮮明になってこよう．すなわち，先行研究で明らかになったことをベースに，残された研究課題，不明な課題のどこを取り上げて研究テーマとするのかの選択が可能となる．それは同時に自らの研究は過去の研究の流れの中で，

どのような位置を占めるのかも明確になり，当初の問題意識もより鮮明なものとなる．

　研究テーマは基本的には取り上げる2つの概念の関係づけであるが，それはひとつとは限らず，2～3のテーマを同時に取り上げることも可能である．または，より研究テーマを明確にするために単一の研究テーマを2～3のサブテーマに区分して取り上げることも可能である．

　研究テーマが不明確で曖昧であれば，結論も不明確で曖昧なものになってしまうことは必然である．したがって何度も研究テーマは何かを自問自答し，また研究のプロセスで常に研究テーマの明確化，鮮明化を繰り返し問い直すことが求められる．

4) 研究視点・枠組み・方法

　研究テーマの明確化のひとつはその裏側にある研究の視点，すなわちどのような切り口，角度からその研究テーマに取り組むのか，どのような概念（変数）の関係を取り上げるのか，そしてどのような研究・調査の方法を使って証拠立てをするのかを明らかにすることが重要となる．それが研究視点・枠組み・方法である（調査方法については第6章参照）．こうした研究視点・枠組み・方法についても先行研究の比較表にもあるように，過去の先行研究を参考にしながら研究テーマにマッチし，結論を得るための最適なものを選択する．もちろん先行研究にはみられない新たな視点や枠組み，そして研究方法を導入するチャレンジを試みることも可能である．

5) 本論・結論

　調査・研究によって証拠づけができ，結論が明確になれば，そこではじめてどのような論文構成にすべきかの検討に入る．もちろん論文構成の基本は，ほぼ一般化されているので，調査・研究が終了せずとも，最初から大枠は見当がつく．しかし重要なのは，説得力のある結論に至るまでの論理をどのように展開していくかである．そのためにどのような論文構成にするかを検討して論述することが重要である．

図表9-2　研究・論文作成のプロセス

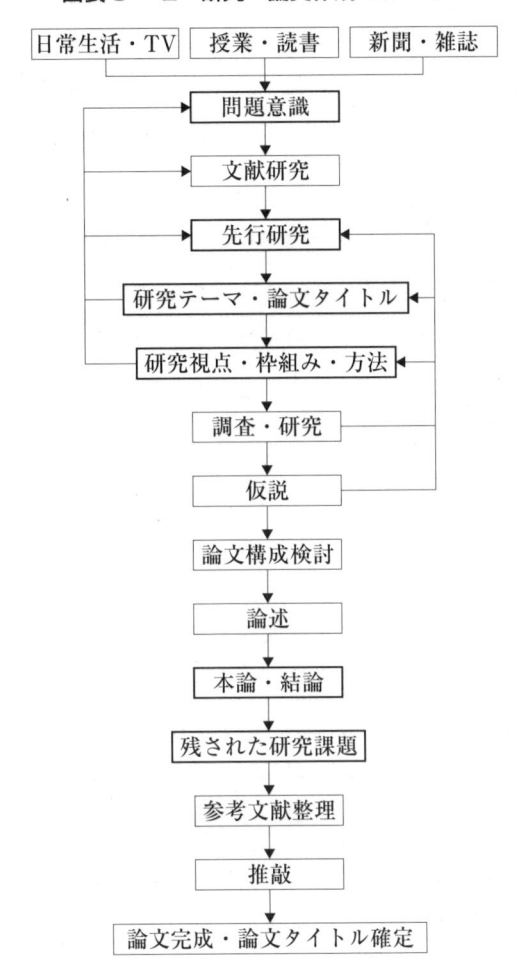

```
┌──────────┐ ┌──────────┐ ┌──────────┐
│日常生活・TV│ │授業・読書 │ │新聞・雑誌 │
└────┬─────┘ └────┬─────┘ └────┬─────┘
     └──────┬──────┴───────────┘
            ↓
        ┌───────┐
        │問題意識│
        └───┬───┘
            ↓
        ┌───────┐
        │文献研究│
        └───┬───┘
            ↓
        ┌───────┐
        │先行研究│
        └───┬───┘
            ↓
  ┌─────────────────┐
  │研究テーマ・論文タイトル│
  └────────┬────────┘
           ↓
  ┌─────────────────┐
  │研究視点・枠組み・方法│
  └────────┬────────┘
           ↓
        ┌───────┐
        │調査・研究│
        └───┬───┘
            ↓
         ┌────┐
         │仮説│
         └─┬──┘
           ↓
      ┌─────────┐
      │論文構成検討│
      └────┬────┘
           ↓
         ┌────┐
         │論述│
         └─┬──┘
           ↓
       ┌───────┐
       │本論・結論│
       └───┬───┘
           ↓
     ┌───────────┐
     │残された研究課題│
     └─────┬─────┘
           ↓
       ┌────────┐
       │参考文献整理│
       └────┬───┘
           ↓
         ┌────┐
         │推敲│
         └─┬──┘
           ↓
  ┌─────────────────┐
  │論文完成・論文タイトル確定│
  └─────────────────┘
```

　そしてどのような内容を図表化し，よりわかりやすく，かつ説得力のあるものにしていくかの検討も忘れてはならない．論理の中心から外れるものを図表化しても意味がないし，図表化によって矛盾が表面化したり，余計わかりにくくなっては意味がない．

　論文構成が決まれば，それにしたがって論述することになるが，そのプロセスで内容や結論の修正がでるのは，ごく一般的である．論述する過程で，自ら

の主張が明確になり，また資料不足や突っ込み不足の点も明確になってくる．そうした点を細かく検討しながら論述を進めることになる．

　6) 残された研究課題

　論述を進め，結論が明確になれば，自らの研究・論文の不十分な点や残された研究課題も同時により明確になってくる．それを明示することも論文の重要な要素である．すなわち，自らの研究の限界や課題を謙虚に反省し，そしてつぎに取り組むべき研究課題を明らかにすることになる．そのことは自らの研究の成果のみならず，欠陥や限界も冷静に分析し，理解していることの証明でもあり，つぎの研究方向を提示することにもなるのである．さらにはその研究から得られた結論が現実の経営にどのような意味をもち，どのような示唆や改革の方向を示しているかをインプリケーション（implication＝含意，裏の意味）として書く場合も少なくない．しかし，その場合は調査研究の範囲や対象から考えて，拡大解釈や，極端な一般化をさけることが重要である．あくまでも謙虚に，結論としての仮説からの示唆程度に，とどめておくことが望ましい．

　7) 論文タイトルの確定

　研究テーマや研究視点・枠組み等が設定できれば仮題としての論文タイトルをつけることは可能であり，そのほうが論文作成中も論点が明確となり，一貫した論述がしやすい．しかし，最終的には結論を書き，さらに引用や参考文献を整理し，また推敲を重ねたうえで，自らの結論，主張を的確に表現した論文タイトルであるか，読む者にとって研究テーマや結論を想定できるわかりやすいタイトルになっているかの再検討が重要である．あまりに長すぎるタイトルではインパクトがないし，短すぎると内容を推測できないものになってしまう．したがって，メイン・タイトルとは別にサブタイトルをつけることも工夫する必要がある．その場合はメインとサブタイトルの文言の重複は避け，またサブタイトルはメインタイトルの内容を限定し，絞り込むような表現が一般的であり，わかりやすい．

　以上が調査・研究を行い論文を作成するための基本手順であるが，それはス

ムースにいくものではない．何度も後戻りをし，また研究テーマを再考したり，あるいは論文構成も再編成することを繰り返して完成させることになろう．そうした過程で迷路に入ってしまわないように基本を明確化するためのワーク・シートが次ページに示してある（図表9－3）．研究を始める前にそれぞれの項目を自問し，埋めてみてほしい．埋まらなければまだ研究不足で，参考書や論文を読み，また自ら考えて，とりあえず記入してみることが重要である．そして時々このシートに立ち返り，どこが不明確なのか，あるいは確定していないのか，どこが修正を要するのかをチェックしながら調査・研究そして論文執筆を進め，再び，このシートに戻り，基本に立ち返りつつ進めることが望まれる．

2. 論文の書き方

(1) 論述の基本

1) 私のいない文章

何度も述べるが「論文は論じるもの」であり，感想や自分の思いついた意見を記述するものではない．ましてや自分の思いつきや，アイデアを並べ立てるものではない．したがって「私はこう思う」「私の意見はこうだ」といった表現は厳禁である．自分の意見や考え方を「私は思う」という言葉を使わずに，データや事例や，他の研究者の主張を通じて証拠立てて論じるものである．ということは「私のいない文章」の集まりが論文なのである．

したがって出来る限り私や筆者という言葉は使わないで，どうしても使用せざるを得ない場合はひとりの主張ではなく，研究グループの複数の人間が考えているという意味で，やむを得ず「われわれ」を使う場合もあるが，それは最後の手段である．

2) 自分の言葉として論述を

自分のいない文章ではあるが一つひとつの概念，用語そして主張はまさに自分のものになっていることが必要である．もちろん，論文作成にはさまざまな研究者の理論や概念を借用することになるので自分オリジナルのものではない

図表9－3　研究・論文のためのワークシート

作成　　年　　月　　日　Ver.

研究分野	
研究課題群	
主要先行研究 　論点や視点	
問題意識 （なぜその研究 なのか）	
研究テーマ ：リサーチ・クエスチョン サブテーマ1	
関連キーワード	
研究仮説 （研究方向）	
研究視点 （切り口）・ 枠組み・方法	
結論	
残され研究課題	
論文 タイトル（仮題）	

が、いかに自分なりに咀嚼し、その意味するところを自分の言葉として論述することが重要である。自分の言葉になっていない論述は、浮ついたものとなり説得力の乏しいものになることは確実である。

その関連で熱がはいるばかりに「良い、悪い」「多い、少ない」「真の……」という表現が多用されるケースもある。何をもって良い、悪いと判断するのか、多いとはどのくらい以上なのか、真とは何かといった客観性こそ論文の重要な点であることも見逃せない。

3）なぜを基本に据えて

論述する中では概念を定義したり、データを紹介したり、あるいは他の研究者の論を解説したりと多様な場面が出てくるのはいうまでもない。しかし論述の基本は、「なぜ、そう定義するのか」「なぜ、そうした分析をするのか」「なぜ、そうなるのか」「なぜ、そう考えるのか」という「なぜ」の追求が基本であると考えることが重要である。単なる事実の羅列や、他者の考え方の紹介で終わらず、そうした中から何に注目するのか、なぜ、それを取り上げるのかの理由の説明が必要となる。論じることはなぜを問うことであり、論述にはそのことを銘記しておくことが求められる。

たとえば、論文の中で他者の定義や、他者の論の紹介、解説するケースがよくみられる。それはあくまでも自分の定義や議論の裏づけや正当性のために活用、紹介していることを忘れてはならない。ただ紹介、羅列する記述になっては意味がない。それぞれのどこが問題で、どこに意義があるのか、なぜそうなのかを検討し記述することが肝要である。

4）細部の記述も全体ストーリーの一部として

文章を書き進めるうちに細部に入り込み、全体との関連や意味づけが曖昧な部分が現れてしまいがちである。とくにワープロ、パソコンで論文を作成する現代は、論述は論文構成の最初から書き進めるとは限らない。書き易い節や章を部分的に先に作成し、後に組み合わせることが容易である。それは、ともすると同じ意味のことを別の言葉で表現したり、ロジックにズレが生じる場合が

少なくない．常に全体のストーリーや概念や用語の一貫性を意識しながら論述し構成することが重要である．推敲するときにもそうした視点が求められる．

5) である調の書き言葉で

論文は一般には「である調」で論述する．すなわち……です，とか……思いますという「ですます調」ではなく，……である，を一般的には使用する．それは「ですます調」では主観的になりがちなことを回避することもひとつの理由であろうが，論文は常に客観的であることが求められるからに他ならない．しかし普段「ですます調」の文章を多く書いていると，論文中にそれが混在してしまう場合も少なくない．首尾一貫して「である調」で書くことを心がける必要がある．それと関連して「話し言葉」と「書き言葉」が混在するケースも少なくない．論述の基本である，書き言葉の使用，そして主語述語がきちんとしているか，推敲の際にはとくに注意して点検することが求められる．たとえば，大学生の論文でよくみられるのは，「すごく」とか「うまい」（巧み），「話す」といった話し言葉であり，それらは，「きわめて，非常に」とか「巧みに」とか「語る」といった書き言葉を使用することが求められる．

6)「はじめに」と「むすびにかえて」

論文の「はじめに」では問題意識を中心に論述しながら，研究テーマの社会的意義や位置づけを明らかにする．すなわち，図表9－4のように読み手の一般的関心を徐々に研究テーマの焦点に絞り込んでいく誘導路として論述することが重要である．研究テーマが専門的であり，特殊な課題に絞り込めば込むほど，一般には理解しにくい．したがって読み手の理解と関心を高めるために，社会的な大きな課題と関連づけながら，徐々に，専門的な細部の研究テーマへ絞り込めるように導くように記述するのである．

逆に「むすびにかえて」では結論の要約，そして残された研究課題を記述しながら，研究テーマの広がり，拡張の先に一般的社会問題へのつながりづけがあることを明示する．言い換えれば専門的研究テーマを広がりのある社会的課題に返すようなつもりで記述することが必要である．すなわち，図表9－4の

図表９－４　「はじめに」と「むすびにかえて」の本文の関連イメージ

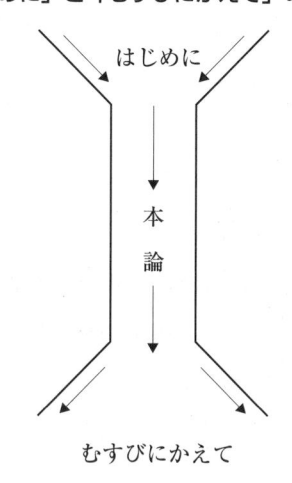

```
      はじめに
         ↓
         ↓
        本
        論
         ↓
         ↓
      むすびにかえて
```

じょうごを絞り込み，そして広げるように「はじめに」で課題を絞り込み，研究テーマに焦点を誘導し，そして「むすびにかえて」で，研究テーマとその結論を拡張し，社会に返すように記述することである．

(2) 表現方法のレベルアップのために

1) 構成，章立ての整合性を

論文は一般的に章，節に区分するものと考えられており，第１章，第１節から始まると機械的に考えている学生が少なくない．しかし50枚程度の論文では章が１～２ページで終わってしまうとすると大きな段落としての章という表現は少しオーバーであり，ローマ数字のⅠⅡⅢⅣⅤが一般的使われる．それ以降の段落区分は以下のような数字を使い，全体でバラバラにならないよう整合性を保つことが必要である．

またそれぞれの段落区分の分量があまりアンバランスなのも避けたい．Ⅰが10ページ，Ⅱが１ページ，Ⅲが３ページ，Ⅳが９ページなどのようなばらつきが生じないように，できるだけ均等な分量の段落区分になるよう心がける．

図表9－5　段落区分の一例

```
Ⅰ．Ⅱ．Ⅲ．Ⅳ．Ⅴ．
  1．2．3．4．5．
    (1)．(2)．(3)．(4)．(5)．
      1)．2)．3)．4)．5)．
        ①②③④⑤
```

2) 章ごとで何を述べるかの明確性

　各章や節の段落で何を記述するのかが不明確のものも少なくない．最初に全体構成を考える時に，それぞれの章や節で何を論じるかを決めているはずであるが，書き進めているうちにそれがぼやけてきてしまいがちである．したがって，記述を進めながら，常に論文全体の構成案に戻り，それぞれの段落で何を論述するのかを再確認，修正し，記述するポイントを明確にしつつ，書き進めることが必要である．

　また段落のはじめの部分で，その段落では何を論述するかを明示するのが一般的であろうが，段落の終わりの部分でも，その段落のまとめに続き，ついついつぎの段落で論述することを紹介してしまうケースも多い．そうなると前の段落の終わりと，つぎの段落のはじめの部分で重複して記述してしまうことになるので注意する必要がある．

3) 図表での表現方法のスキル・アップ

　論文の内容表現は文章のみならず，昨今では図表の巧みな使用によって，よりわかりやすく，説得力を高めることが重視されてきている．すなわち，図表化技術の問題である．

　何をどのように図表化するかが基本的課題である．

　　概念図

　　関連図

　　プロセス図

　　階層図（組織図）

　　マッピング図（マトリクス図）

グラフ（折れ線，棒，円，帯，レーダー，分布）

　そして図表には通し番号，表題そして出所を明記することが基本的ルールである．図表番号のつけ方に関しては図番号と表番号を区分するか，簡略的に図表を合わせて番号をつける場合がある．また番号づけも最初から最後まで通し番号にするか，章ごとに区分して番号をつける方法もある．大学生の論文の場合は簡略法で，図表を一括して通し番号をつける方法，すなわち図表－1……図表－25というような形式で問題なかろう．

　表題はその図表の内容を端的に表すタイトルをつけることであるが，あまり長くならないことを心がける．また表題に関連して必要に応じてそのデータの調査年やサンプル数，調査機関，数字の単位など内容に応じて重要なポイントを表題に付記すると，より注目点が明確になろう．さらにその図表が他の著書からの引用であれば出所ないしは出典として引用文献（著書名，書名，発行所，発行年，掲載ページ）を明記する．またデータ等について複雑でわかりにくい場合は注をつけて読者にわかりやすく解説することも必要である．

4）注・引用のつけ方

　注とは辞書にあるとおり本文の字句などに付して，説明や補足，批判やそれへの反論などを説明することを意味する．本文の中で説明してもよいのだが，そうすると文の流れを乱し，読みにくくなってしまう場合に，この注をつける．具体的には該当する字句の右肩などに（1），（2）……の通し番号をつけ，そのページの下部に説明を記述する脚注，あるいは章の末につける文末注の2種類がある．ワープロソフトには脚注機能があり，これを使用すれば自動的に通し番号，ページ下の脚注欄が表示され，簡単に注をつけることができる．

　引用は自らの主張を強化したり，証拠立てるために他者の著書の字句をそのまま借用して記述する直接引用と，他者の意見を要約して記述する間接引用の2種に区分される．

　直接・間接引用とも本文中に括弧をつけて著者名，出版年，ページ数を，（根本，2005：135）のように記述する簡略形式が一般的となり，その引用文献

の詳細は文末の引用文献一覧で記す．

5) 参考文献一覧表の記入法

論文の重要な形式として前述の注，引用があるが，それに加えて図表で使用した文献も含めて文末に参考文献一覧表をつけることが基本である．その記載方法については専門分野によって微妙に異なるルール化がなされているが，それは読者が引用あるいは注の原典に容易に当たることができるような情報を記述することである．経営学の分野では一般的に著者氏名，（出版年），著書名，出版社名である（例：根本孝（2005）『経営学の楽しみ方』学文社）．この記述順序，形式を基本として，一覧表の順番は著者の姓の ABC 順に並べるのが一般的である．また文献の種類によって多少のアレンジが必要となる．

文献が論文集や，複数の著者によって書かれた著書の，ある一人の論稿を引用した場合は，著者氏名，（出版年），「論稿タイトル」，編者氏名，『著書名』，出版社名，ページ数となる．論稿のタイトルは一重カギ括弧「 」を使い，著書名は二重カギ括弧『 』を使用する（例：根本孝（2004）「グローカル組織」根本孝・茂垣広志編著『グローカル経営』同文舘出版，pp. 135-156）．

学会誌などは編者が特定されていないので編者名は記入せず，その代わりに著書名の後ろに巻・号を記入する（例：根本孝（2002）「論文タイトル」『経営論集』2002 年 4 月号，pp. 123-145）．

雑誌，新聞の場合で著者名が特定できない場合は『雑誌名』号，ページ（例：『週刊東洋経済』2005 年 6 月 26 日号，pp. 35-38）．

洋書の場合も和書と原則的には同様であるが著者名は，まずファミリーネームをフルネームで記述し，その後にファーストネーム，ミドルネームの頭文字で記入する．論稿のタイトルは" "で囲み，著書名，雑誌名はイタリックとし，括弧等をつけないのが一般的である．また出版社名の後に出版地名を付記する場合もある．なお，その翻訳書がある場合は末尾に括弧をつけて翻訳書を和書同様に記述する（例：Collins, J. C. and J. I. Porras (1994) *Built to Last*, Harper Business, New York. (山岡洋一訳『ビジョナリー・カンパニー』日経 BP 出

版センター，1995年)．なお，引用文献一覧表は和書と洋書を一括してABC順にならべて記述するが，和書と洋書を区分して，それぞれ著者の名字のABC順に並べる場合もある．

さらに最近ではインターネット検索によりサイバー情報を活用する場合も少なくないが，その場合はできるだけ信頼できる情報を選択して活用する．すなわち，最低限，内容に責任をもった署名のある情報を活用し，無著名情報は使用しない．署名情報を出来る限り原典を探し印刷情報にさかのぼって引用するように心がける．サイバー情報の引用文献の記入法も基本は同じであるが末尾にURLアドレスとアクセス閲覧した日付を明示することが必要である．それは引用ページも論文の証拠立てのひとつであり，閲覧後に消去されてしまう可能性もあり，閲覧日を特定していることが必要となる．したがって，できればそのバックアップ・ファイルを作成し，残しておけばよりベターである．

(3) 論文の評価基準と形式的整備

論文の評価はどのようになされるのだろうか．一般には，以下の5つの評価視点が重要といえよう．

1) 形式性

もっとも基本的な視点は，記述方法や引用方法の基本が整っているかどうかである．文章や図表などきちんと正確に記述され読みやすい，わかりやすいものとなっているか．そして他者と自らの主張がきちんと区分され，正しい注や引用がされているかの形式性である．この点が曖昧，不正確であれば盗作問題にもつながりかねない重要な問題である．

2) 網羅性・誠実性

研究テーマに関連する基本的文献を網羅し，誠実に読み込み引用しているか，そして数種の文献のみで済ませず，十分な情報検索，収集をし，文献資料を活用しているかといった調査研究の誠実性，網羅性も基本的な評価点である．

3) 緻密性（分析性）

研究テーマに関するキー概念やその定義，あるいはデータや事例の分析が粗野ではなく，緻密な検討がなされているかが問われる．表面的な考察にとどまる異なる，深い，緻密な考察が求められる．

4) 論理一貫性

さらに重要な評価ポイントは論文全体の一貫性である．研究テーマと本文，結論はきちんと一致し，ズレていないか，用語が不統一になっていないか，前半と後半で主張が一貫しているかなど，論理の一貫性は論文の命ともいえよう．

5) 独創性

大学生の卒業論文にしても独創性があればきわめて高い評価となろう．研究の視点や分析概念はもとより，主張の証拠だての方法や，データや事例の独創性など未だにない着想，発想，具体的方法など独創性の高い論文は高く評価される．すなわち情報も他者が収集し，整理した2次情報（データ）よりも自らが収集し，分析した1次情報（データ）の方が独創性は高いし，図表も他者の引用より，自ら作成した独創的な図表化を心がけ，挑戦することが求められる．

演・習・問・題

問1　研究テーマを1つ選び，ワークシート（p. 133）に従って論文の内容を検討してください．

問2　何か1つ論文を取り上げ，評価基準に従って評価・コメントしてください．

参考文献

新堀聡（2002）『評価される博士・修士・卒業論文の書き方・考え方』同文舘

鷲田小弥太（1999）『入門論文の書き方』PHP研究所

《推薦図書》

1. 新堀聡（2002）『評価される博士・修士・卒業論文の書き方』同文舘

  論文の考え方，書き方を具体的に解説．
2. 泉忠司（2003）『泉式文科系論文作成術』夏目書房
  論文の書き方をやさしく解説した入門書．
3. 戸田山和久（2002）『論文の教室：レポートから論文まで』日本放送出版協会
  大学生向けに書かれたレポート・論文の作成技法のテキスト．
4. 鷲田小弥太（1999）『入門論文の書き方』PHP研究所
  論文技法をやさしく解説した入門書．

第10章の要約

　プレゼンテーションはともすると，聞き手を忘れて発表者の自己表現のみに走ってしまう傾向が強い．あくまでも聞き手の理解・納得を第一にすべきことを再確認する．そのうえでプレゼンテーションの具体的な事前準備そして実施のポイントを考察する．
　そして学生のプレゼンテーションでもっとも機会の多い，レジュメの作成法を具体的に検討する．さらにプレゼンテーションのみならず，レポートや論文でも活用できるビジュアル化，図解化の種類や技法について検討する．

第10章　プレゼンテーションとビジュアル化（図解技法）

1. 理解・納得こそプレゼンテーションの目的

　プレゼンテーションといえばパソコンのパワーポイントを使って発表，報告することと考えている人もいる．しかし大学においては，口頭発表といわれ，文章での論文発表と対比して，そのあり方が問われてきた．とくに最近では発言や自己表現が重視され，いかに自らの意見を述べるか，発表するかが問われてきている．しかしどんなに発表のテクニックが優れ，「立て板に水」のごとくスムースな口頭発表が行われても，それがプレゼンテーションの最終目的ではないことをまず知らなければならない．

　口頭発表の最終目的は自らの意見，発言を理解してもらうことである．そればかりでなく，その意見に納得し，共感を感じ，さらには感動を覚え，行動を共にしてもらうことである．プレゼンテーションも双方向のコミュニケーションであり，一方的な口頭発表，単なる意志の表示，表明に終わってはならないのである．

　そうした双方向の口頭発表，プレゼンテーションのためにはつぎの3原則に従うことが求められよう．

(1) 顧客志向

　何よりも誰にプレゼンテーションするのかが第一に問われる問題であり，聞き手や聴衆の興味関心にマッチした内容で，知識・情報に合わせた言葉や図解を使ってプレゼンテーションすることが重要である．

　ともすると易しいことをむずかしく，単純なことを複雑に，平易な言葉を使わず，英語や専門用語を使い，聞き手をはぐらかし，知識を披瀝することがプレゼンテーションだと思っているような発表もないわけではない．

　聞き手の心に響かなければ理解・納得・共感・感動を得られるはずはない．

(2) 3の法則

簡単明瞭，印象に残るプレゼンテーションには，話しのポイントを3つに絞る，分類や手順・ステップも3分類，3段階に区分するともっとも理解しやすい．

まさに3つに絞り，3つに分類，3段階に区分するといった「3の法則」である．ひとつでは話しが大きすぎる，5つでは多すぎて複雑な印象になる．そこでもっともわかりやすいのが3というわけである．もちろん無理やり3に合わせることは避けるべきであるが，できるだけ，そうしたわかり易さ，印象に残るプレゼンテーションの内容に整理することが必要である．

(3) 自分の言葉

英語や外国語が頻繁に出る話ほど聞きにくい．また最新の流行語や新語を連ねると，意味がわからず退屈してしまったり，知識を問われる感じで，嫌悪感が先にたつプレゼンテーションも避ける必要がある．自分の体験に基づいたり，考え続けた結果の自分なりのコンセプトや言葉は印象深く，納得しやすいものとなる．とくに強調したいポイントはキャッチフレーズにして自らの言葉で表現したい．管理者にも短時間の朝礼や会議でメンバーと共有できる言葉，コピーが必要な時代である．プレゼンテーションにもその意味では，共感できる言葉，キーワードを作りあげるコピーライティング能力が求められる．

いずれにせよ聞き覚えの最新用語ではなく，自分の体験，意志がこもった自分なりの言葉で，語りかけることが琴線にふれる基本といえよう．

2. プレゼンテーション技術

(1) プレゼンテーションの目的，内容

大学生にとってのプレゼンテーションは演習，授業，討論会・報告会が中心の場であり，その内容は，大きく研究・調査結果報告と情報・話題提供に区分されよう．そのほか誰に．どんな方法で行うのか，いつ，どのくらいの時間で

図表10－1　プレゼンテーションの種類

		具体的区分
目的	なんのために	研究・調査報告 情報・話題提供
内容	どんなテーマで	
対象・人数	だれに，人数は	学生，教授，社会人・中高生
方法	何を使って	レジュメ，パワーポイント，スライド等
日時・時間	いつ，時間は	
場	どんな場で	演習・授業・討論会・報告会 教室・ゼミ室・講堂

行うのかによって多様なパターンの組み合わせがあろう．したがって，プレゼンテーションに当たっては図表10－1のように目的，内容，対象・人数，方法，日時・時間そして場を明確化して準備を整えることが基本的条件である．

(2) プレゼンテーションの準備・実施のポイント

1) 発表内容の整備・確定

　口頭発表であるからまずは発表する内容がきちんと準備・整備されていることが大前提である．情報・話題提供であれば，そのための資料収集や分析がきちんとされているか，研究・調査報告型であればその研究結果がまとめられていなければスタートにたてない．できれば研究論文あるいは調査報告書を口頭発表の前に完成させておくことが望ましい．そうした内容のどこに焦点をあててプレゼンテーションするかは，プレゼンテーションの対象者は誰か，発表時間はどのくらいなのか，どんな場で発表するのかを考慮して確定する．

2) どんな方法で行うのか

　プレゼンテーションの場や会場，対象者と人数によってレジュメを使うのかパワーポイント，あるいはスライドなどの映像機器を使用するのかの決定が求められる．会場の広さやレイアウト，設備の状況も大きく影響するので，使用可能な機器など事前の確認が必要である．

3）補助資料の作成

プレゼンテーションの補助資料としてレジュメかパワーポイントを作成する．その作成方法は後述するが，基本的には対象者が後輩の学生なのか，中高生なのか，教授なのか，社会人なのかによって，興味・関心の焦点が異なり，また使用する言葉や専門用語は相手にあわせた選択が必要であり，とくに作成に当たって留意する必要がある．

また補助資料に記載することと，口頭で補足することの切り分けも必要であり，何もかも資料に盛り込もうとすると焦点のボケたレジュメやパワーポイントになってしまうことも考えなければならない．すなわち補助資料の作成は，その裏では口頭で話すことの確定でもあり，資料完成は，口頭説明内容が確定することでもある．資料作成については後に詳しく検討する．

4）リハーサルの実施と修正

補助資料が完成したら，それを使いながらリハーサルが是非必要である．とくに学生の場合は時間オーバーの傾向が強いので，全体の時間，そして時間配分を確認することが重要である．

さらに伝えたいメッセージ，中心的主張や報告内容が伝わったかの確認も忘れてはならない．どうしても盛りだくさんの発表になりがちであり，ポイントを絞った，まさに簡単明瞭な発表に修正しなければならない．

また資料の前後そして口頭での用語の不統一が生ずることも少なくない．全体を通したチェックを心がける．

5）明瞭・リズム・相手をみて話す

発表でよくみられるのは原稿の棒読み，聴衆に背や尻を向けっぱなし，自信のない不鮮明な言葉での報告である．

基本はあまりレジュメやパワーポイントに集中しすぎるのではなく，時々聴衆の目をみて，ジェスチャーも交えながら，訴えかける発表を心がける．そのためには適度なタイミングでパワーポイントを指し示したり，左右に動いたり，重要なところは繰り返したりして，強調することも，意識することも忘れては

ならない．

　人によっては早口で，沢山の情報を伝えようとする余り，早いスピードの話しになってしまう学生もいる．適切な間，聴きやすい速さを事前に録音して自ら確認するのもひとつの方法である．

　6）質疑への対応

　早く終了したいと思うのがプレゼンテーションに不慣れな学生の一般的心理であろう．しかし質問が多く出ることは発表内容に関心が高く，多くの人が興味を示してくれた成果だと考えるのがまず重要である．

　そして質問には誠実に回答することが大原則である．わからない点，調査・研究しなかった点についての質問やコメントにはごまかさず，今後の調査や研究課題として取り組むことや感謝の意を表明する．

3.　レジュメの作成法

(1) レジュメ（resume）の基本

　ゼミなどでは議論は発表者が用意しコピー・配布したレジュメをもとに報告，質疑，議論が行われるのが一般的であり，レジュメという言葉がよく使われる．日常語として定着しているだけに，あまり詳しく考えたこともない学生も少なくないだろう．「本や論文を要約しまとめたもの」といった程度に考えているかも知れないが，基本的にはプレゼンテーションの補助資料である．

　確かにレジュメは摘要（要点）とか梗概（あらまし）といった意味に違いないフランス語からきた言葉である．しかし，レジュメは単なる要約や，抜粋ではなく，①全体像（テーマと結論），②内容構成，③ポイント（重要点，キー概念），④疑問点，⑤論点（論争点，討論点），⑥重要文献，⑦参考資料を備えた概要を記したものと考えたい．それを明瞭簡潔に作成するには訓練が必要である（江藤・鷲田，2005）．

　レジュメも大きく，ある課題について自ら調べ，研究結果の概要のレジュメ（研究報告型）と，著書や論文を輪読し，その一部の章などを熟読，その概要

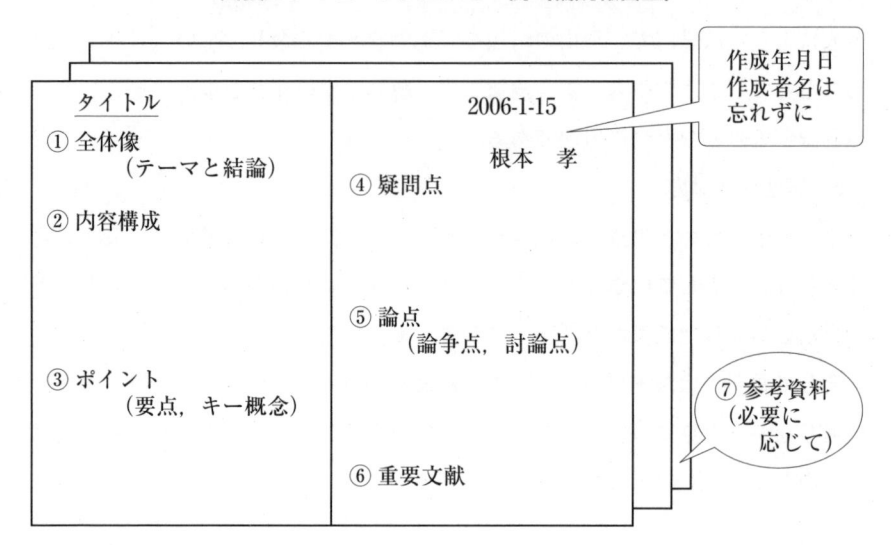

図表10-2 レジュメの一例（輪読報告型）

```
 タイトル                    2006-1-15
① 全体像
     （テーマと結論）            根本　孝
                        ④ 疑問点
② 内容構成



                        ⑤ 論点
                           （論争点，討論点）
③ ポイント
     （要点，キー概念）
                        ⑥ 重要文献
```

（作成年月日 作成者名は忘れずに）

（⑦ 参考資料（必要に応じて））

のレジュメ（輪読報告型）に大別することができる．卒業論文等の論文研究の中間報告用のレジュメは前者に該当し，重要文献の輪読や文献紹介用のレジュメは後者に該当する．図表10-2は輪読報告型のレジュメの一例を示したものであるが，出来るだけ明瞭簡潔にするため，1枚（B4あるいはA3サイズ）にまとめることが望ましい．しかし参加者メンバーにも参照してほしい重要資料は必要に応じ，別紙でコピー配布すればよい．以下では，この輪読報告型について検討するが，研究報告型のレジュメは論文の作成法に準ずるので第9章を参照されたい．

(2) レジュメの作り方

1) 全体の熟読

まずは分担の章ないし論文全体を，重要な箇所，概念などに線を引いたり，付箋をつけながら通して読む．

もう一度改めて全体を読み，全体像，すなわち，何をテーマとし，何を主張，

結論としているのかを明確に把握するし，メモしておく．

2）内容構成・ポイントの分析

全体像に従って，どのような構成で論理づけ，証拠立てされてるのかを分析，把握し，その筋道の中で重要なキーとなる概念，重要な点をノートにメモする．

3）疑問点・討論点の明確化

主張や結論をはじめ，内容についての疑問点，そして筆者が取り上げている批判や，問題指摘などから，現在の論争点などを把握するようにつとめる．そのうえで，専門辞書や参考文献や資料を調べ，疑問点および論争点，あるいは他者の異論や異なるデータを分析・把握する．

少なくとも同じテーマに関連する他の研究者の書いた文献を1冊は読み，内容や主張の違いを比較考察すれば疑問点や論争点を把握することが容易となる．そうすればゼミの中で何を中心として議論すれば有益かの討論点が浮かび上がってくるので，それをメモしておく．

4）白紙にメモを集約する

1枚の白紙の用紙（B4またはA3サイズ）を用意し，文献の付箋やマーク，そしてメモを集約する．それは単に書かれている内容の順番ではなく，内容構成，主張・結論そして反論，疑問点，批判点などをマッピング（配置・位置づけ）しながら集約していく．そうした作業をしながら全体像を熟考し，それをわかりやすく表現するための図解化，異論や反論などを要約する比較表などの作成を試み，自らの考え方の整理と同時に，簡単明瞭に表現できるよう試行錯誤する（図表10－3）．

5）レジュメの作成

1枚の白紙に描かれた内容，図表を活用し，精緻化しながら1枚の用紙に収まるようにレジュメを作成していく．この作業を通じてコンピュータでの作表や図解のテクニックを訓練できる．レジュメの基本的内容は図表10－2のとおりであるが，右肩には作成年月日，作成者名を必ず記入し後からみても，いつ，誰が作成したものであるかがわかるようにしておくことを忘れない．

図表10－3　レジュメ作成の5か条

1	対象とする論文・著書は少なくとも3回は熟読する
2	新語やわからない言葉などの末梢に気を奪われずに結論・その筋立ての把握を優先する
3	同じテーマの，他の著者の文献を少なくとも1冊は読み，その視点や内容構成，主張の差異を把握する
4	1枚の白紙の用紙に内容構成，主張・結論そして反論，疑問点，批判点などをマッピング（配置・位置づけ）しながらメモを集約し，全体関連を熟考する
5	レジュメはいきなり作成するのではなく，熟考したメモや付箋に基づき出来る限り図表を活用して簡単明瞭なレジュメを作成する

6）発表の準備

　作成したレジュメにしたがってゼミで報告討論することになるが，その内容をさらに明快に伝えるために必要に応じてパワーポイントなどのプレゼンテーション用のソフトで発表資料を作成する．パワーポイントは単一の時系列で説明するには有用なツールであるが，全体を一覧できない欠点をもっており，それを補うためにコピー・配布した一覧性のあるレジュメを併用したり工夫をして，簡潔明瞭な報告を心がける．

　レジュメやパワーポイントなどどのようなツールを使うかにかかわらず，自分の報告発表のリハーサルをし，時間配分や強調点の再考など発表の準備・練習は欠かせない．

4. パワーポイントの活用

　パワーポイントは実に便利なソフトであり，5，6回使用すれば，その作成も，活用にも慣れるので，トライ＆エラーに挑戦し，早く体得することが必要であろう．ここでは作成，使用上のポイントを整理しておきたい．

1）ストーリーと目次・見出しづくり

　発表のテーマ，ポイントにしたがって，どのようなストーリーだてをするのかをまず考え，主張・伝達したいことの内容ポイントを書き出す．

　それを基本にもち，時間にしたがって目次の数と見出しづくりをする．論理

的なストーリーづくりはいうまでもない．

　一般的には，沢山の枚数のスライドを用意してしまいがちであるが，1枚5〜6分は説明するつもりで枚数を計算することが望ましい．1枚を2〜3分でつぎに換えてしまうと，メモは取れないし，めまぐるしい雰囲気になってしまう．写真や，イメージはともかくとしてパワーポイントは豊富な情報を提供できるので，1枚当たり5〜6分は説明した方がよいであろう．

　また見出しは端的に内容を表現し，興味を引くような魅力的なものに工夫する．

　2）ビジュアル化と箇条書き

　それぞれのスライドは，できるだけインパクトのあるビジュアル化を心がける．その詳細なスキルは後述するが，一目瞭然の優位性を活用する．ただし，パワーポイントでは詳細な図解はみえにくいので，簡略図の方が適合すると考えた方がよかろう．

　また文字は文章ではなく，箇条書きでわかりやすく，訴えやすい表現とする．

　3）大きいフォントとカラーコーディネート

　パワーポイントは遠くからみるものであり，小さいフォントで文字を詰め込むより，大きいフォントで簡潔に書くことを目指す．

　さらにカラーも自由に使えるので，アクセントを付けられるが，余りにも多色を使いすぎるとかえってうっとうしくなってしまう．少ない色使いでインパクトのある表現はセンスの示しどころである．

　4）全体的統一イメージに

　1枚1枚のスライドを完成させ，完璧だと考えていても連続してみてみると，ちぐはぐなスライドが間に挟まっている印象であったり，全体としてまとまりのない印象を受ける場合もある．リハーサルで確認し，全体的に書き方やカラーコーディネートなど統一感のあるものに修正することが重要である．

　5）配布もパワーポイント資料を

　パワーポイントをつかって発表する際は，できれば配布資料もそれと同じも

のを使用した方が混乱が少なくてよい．親切心で別なレジュメを使用したりするとかえって混乱が生じてしまうので注意が必要である．

6) 部屋を暗くし過ぎない

パワーポイントを使用する場合，会場のライトを落とすのが常識とされている．しかし暗すぎてメモが取れなかったり，眠気を誘ったりする場合がしばしばである．現在は機器やスクリーンの性能も向上しており，スクリーンの上のみを消灯すればほとんど無理なくみられる状況である．できる限り明るくしてパワーポイントの活用を考えた方が得策である．

7) バックやスキップも臨機応変に

ストーリー展開を考えて全体は作られていても，その場の状況，聴衆の反応に応じて前に戻ったり，あるいは一部スキップしたりの臨機応変な対応も必要であろう．とくに学生の場合，時間がなくなってきているにも拘わらず，作成したスライドを全部紹介しようと固定的に考え，かえって何も伝わらなかったケースも少なくない．時間配分や聴衆の反応に応じる心構えがぜひとも必要である．

5. ビジュアル化（図解化）

21世紀にはいりわが国でも図解の重要性，図解技法がきわめて重視されてきている．それは表現法のみならず，思考法や分析法，さらには問題解決法としての図解の活用が強調されるに至っている．しかしここでは図解表現に焦点をあわせて考察する．

その基本は文章で表現することが困難であったり，ビジュアル化（視覚化，図解化）した方がわかりやすい内容であったりした場合には視覚的な表現が活用されることにある．それによって内容を理解しやすく，かつ説得力を高めることができる．さらにはビジュアル化によって興味を惹きつけ，関心を高めることも大きな狙いである（出原ほか，1986）．

ビジュアル的表現には図解が一般的であり，イラストや映像を活用する場合

もあるがここでは，グラフそしてチャートを中心とする図解を中心に考察することにしよう（西村，2002）．

（1）ビジュアル化の優位性

　ビジュアル化は多様な情報を整理・配置して作成するものであり，その最大の利点は，一目瞭然であること，すなわち，一見して全体像を理解することが可能な点にある．逆にいえば，そうした一目瞭然のビジュアル化でなければ意味がないのである．

　そしてもうひとつのビジュアル化の優位性は諸要素の関係が明確化でき，かつ中心的な課題や，論点が理解しやすいことにある．文章ではそれぞれの文章が曖昧であったり，前の文章と後の文章の間に若干の食い違いがあっても気がつかなかったり，放置されてしまうこともある．しかしビジュアル化すると，それぞれの関係づけが明確になり，不確かな点も浮き彫りになり，曖昧さは許されないのである．それだけに図解されたものは，諸要素の関係や，中心的課題がより明確になるのである．

（2）図解の基本

1）グラフ

　図解の中でももっともなじみやすいのはグラフであろうが，それは大きく比較・推移，構成（比）そして分布を表すものに3区分できよう．最近ではパソコンソフトにも多くのグラフが用意され，数表に数字を入れ込めば自動的に各種のグラフが簡単に作成できる．例示しているグラフはマイクロソフト社のワードのサンプルのグラフを紹介している．

　比較・推移を表す代表的なグラフは棒の長さで大小比較を行う棒グラフ，多数の要素をもつ対象の比較を行うレーダーグラフ（チャートともいう），主に時間的変化，推移を示す折れ線グラフが一般的である．

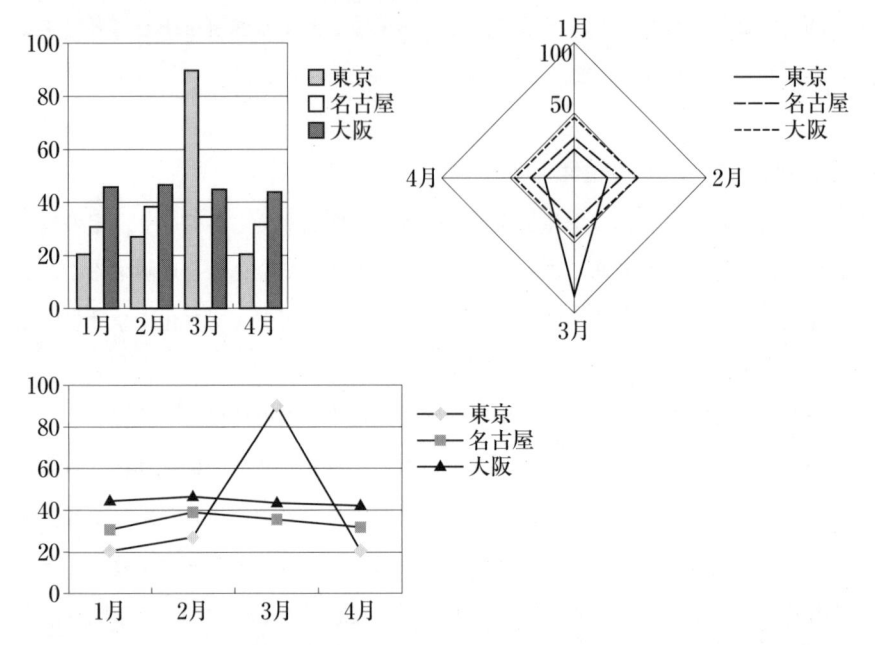

構成（比）を示すには円を構成比（％）で表示する円グラフ，帯で構成比を表し，その時間的推移や他との比較に用いる帯グラフが代表的なグラフである．

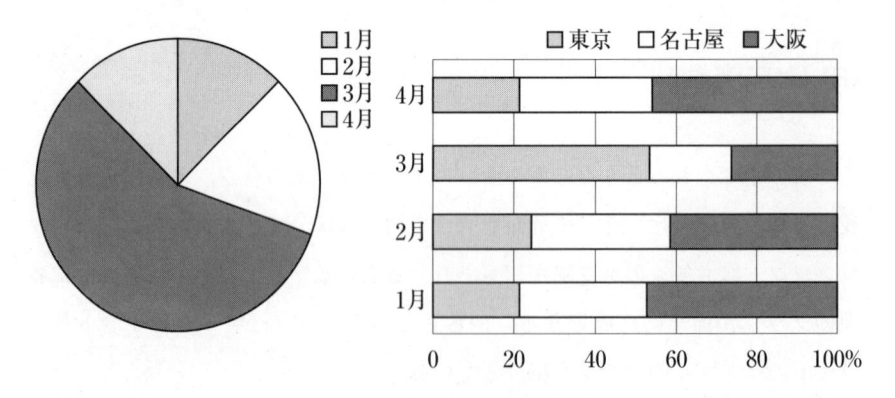

そして分布を示すために，2つの変数の間の関連を示し，その分散傾向を示す散布図あるいは相関図がある．

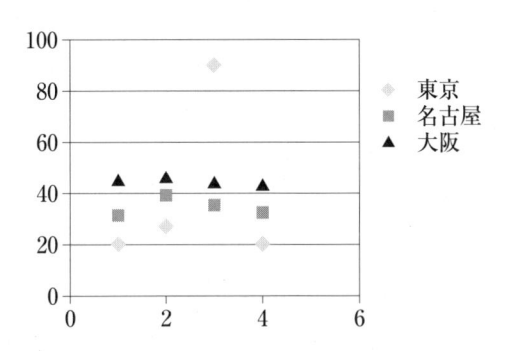

2）チャート

チャートは大きく区分すると構造チャートと，関係チャートそして対比・配置チャートに三分できよう．

第1の構造チャートは組織（構造）図がその代表的なものであるが，どのように組織の分業構造がなされているか，またそれは指示・報告の関係を示すものでもある．

下の図表は企業の組織図を簡略的に表現したものであるが，最近の大企業ではますます細分化，複雑化した組織図で示されている．

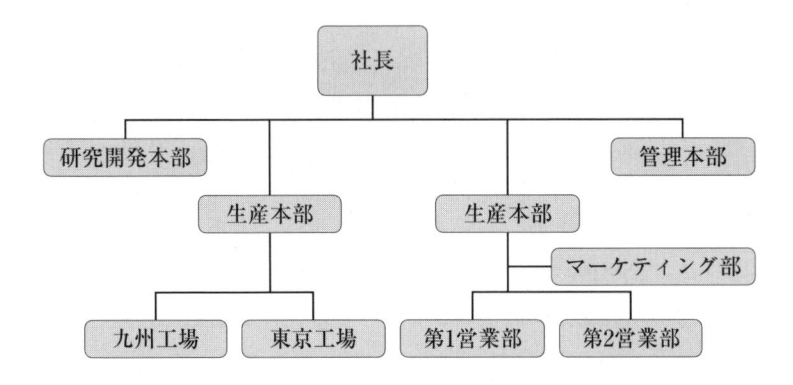

階層図の典型は図表の企業の階層図に示されるように一定の階層を表現する際に活用される．

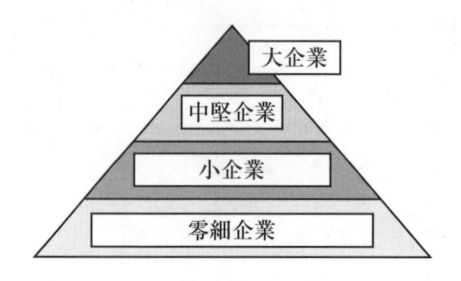

3）因果構造図

　原因と結果の構造を示したものであり，因果関連図，あるいはロジックチャートなどともいわれる．QC技法として有名な魚の骨も因果構造を魚の骨のような形で示したもので形態こそ違うが，基本的考え方は同じものといえよう．

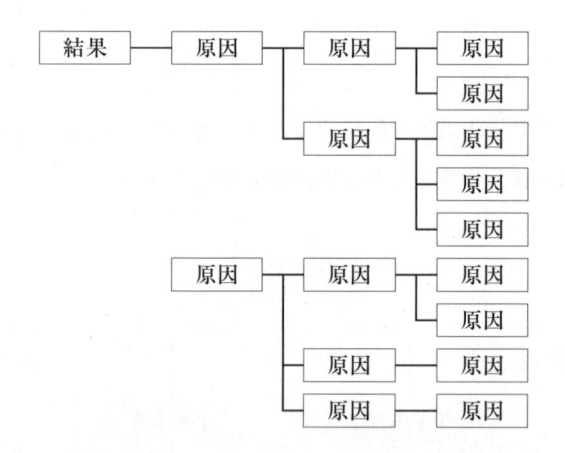

　第2のチャートは関連図であり，構造図も一種の関連図であり，階層や因果といったひとつの固定的関係を示したものであり，関連図はより緩やか，かつ多様な関連を示したものである．仕事の手順や流れを示す，フローチャート，相互関係を示す相互関連図やネットワーク図，あるいはマインド・マップなどがある．

```
        意欲
       ↗  ↖
      ↙    ↘
   能力 ← → 状況
```

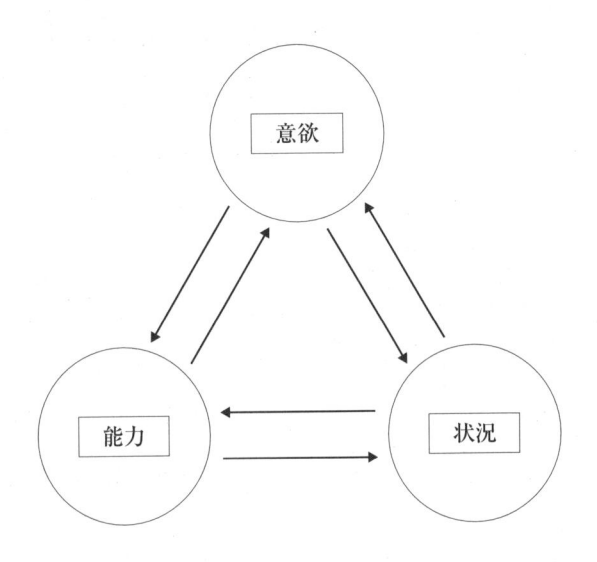

　第3は対比・類型チャートである．経営学ではさまざまな対比や位置づけを明確化するために使われるが，中でも図表10－4のような対比チャートがある．これは管理階層別のスキル構成の対比チャートであり，左側の一般管理者から右側の管理階層が上昇するほど，テクニカルスキルの必要性は小さくなり，それよりもコンセプチャルスキルのウエイトが高まることを示した図である．

　また分類や位置づけのために2次元でクロスさせたマトリックス・チャートもよく活用される．図表10－5は調整度と分散度の高低の2次元でグローバル戦略の類型化を試みた類型チャートである．こうしたマトリックス・チャート作成のポイントは，2つの次元の選択であり，テーマにとって重要な要素であり，かつ2つが関係ない次元であることが必要である．

4）マトリックス・チャート（対比）

　図表10－6がその一例であるが，この例は就職内定先の評価マトリックス・チャートである．

　評価項目を選択し，どの項目を重視するかのウエイトづけをする．そして3社の評価を◎○△×で評価し，それぞれを5点から0点とすれば，ウエイトづけして計算すれば総合点が算出できる．限りなく表に近いチャートであるが，

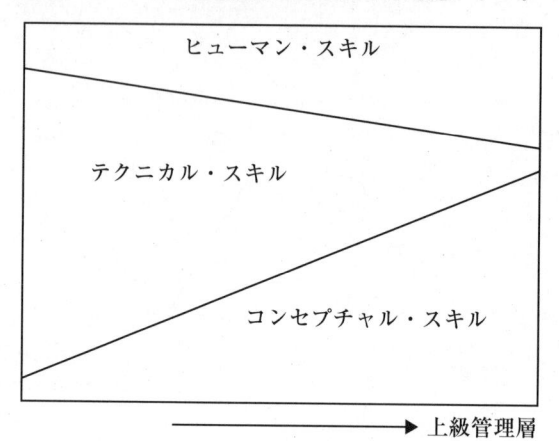

図表10－4　管理階層によるスキル対比チャート

ヒューマン・スキル

テクニカル・スキル

コンセプチャル・スキル

→　上級管理層

図表10－5　グローバル戦略のマトリックス・チャート（類型）

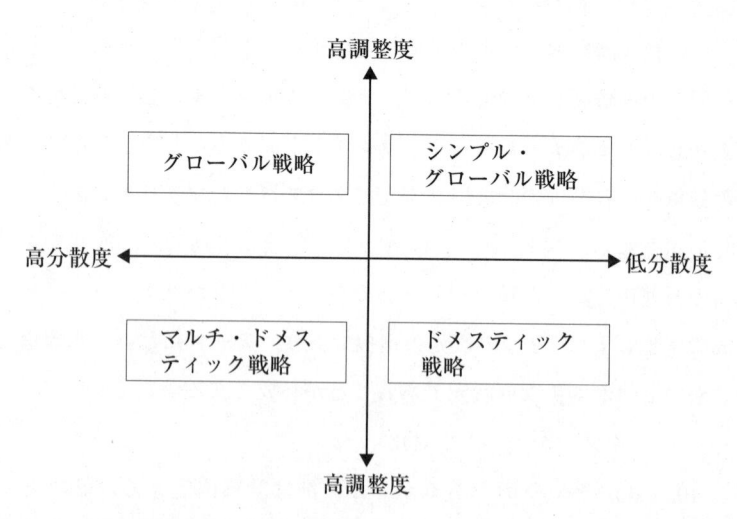

高調整度

グローバル戦略

シンプル・グローバル戦略

高分散度　←　　　　→　低分散度

マルチ・ドメスティック戦略

ドメスティック戦略

高調整度

　対象をさまざまな評価基準で優劣を決定，表現する場合にきわめて有効である．評価項目やその評価のランクをイラスト化すればよりインパクトのあるチャートにすることも可能である．

図表10－6　企業評価のマトリックス・チャート（対比）

評価項目	ウエイト	A社	B社	C社
成長性	4	○	◎	△
企業文化	5	○	○	×
仕事の種類	3	○	×	◎
勤務地	3	△	○	○
能力開発の機会	5	○	○	◎
処遇：賃金・労働時間	4	×	◎	△
人間関係	5	◎	○	○
合計点				

注）◎＝5, ○＝3, △＝1, ×＝0点で計算

(3) チャート化の手順

チャートをつくるのは慣れてしまえばそれほどむずかしいことではない．しかし，慣れるまでは一定の訓練が必要であろうが，その後は自分流の方法を見つけ出すことを楽しんで欲しいものである．それまでは以下の手順でチャート化スキルを磨くことが必要であろう．

1) テーマの決定と種類の選択

まずは何をチャート化するかのテーマの決定である．それに応じてどのようなチャートにするかの種類を選択する必要がある．

2) キーワード抽出

チャートの種類により異なるが，それぞれ中心となる点のキーワード候補をいくつも挙げ，それぞれの関連性を意識しながら白紙の用紙に記入する．

何度もキーワードを入れ替えたり，関連性を再考して修正するプロセスが重要であり，それを通じてわかりやすく，インパクトのあるチャートにすることができる．

3) 全体構成

キーワードがほぼ出揃ったら，全体の関連づけを確定しながら配置を決めていく．

一般的にはチャートの中央部分はもっとも焦点が当たる部分であり，その図解の最重要，中心的なキーワードや内容を配置することが一般的である．また

人間の目の動きは左から右，上から下へ流れるのが一般的であり，配置もそうした点を考慮したものにすれば理解されやすい．あえて逆に右から左，下から上への流れで違和感による効果を考える場合もある．

4) 要素の図解

チャートを描く基本は矢印と四角・円などである．形が意味する統一的な精緻なルールがあるわけではないが，一般的には図表のような意味をもたせて図解されるので，こうした原則に従って描くことがベターである．詳細については自分で，表現方法をさだめ，同じ図形は同じ意味を表現し，統一して活用することが重要である．図の横に注をつけて，それぞれの図形や矢印が何を意味するかを説明すればより丁寧である．

図形	意味する内容
→	関連性や流れを示す
←→	双方向，相互作用を示す
←→	対立，相反関係，矛盾等を示す
---▶	弱い関係，推測など点線で示す
□ △	四角形は重要な事項，事実，概念を表現する．楕円は少しソフトな表現となる．また三角形は階層を示す場合などに活用される．
◯◯	図の一部が重なっており，重複・交差の関係を示す
◎	図が二重になっていることが内側が外側に内包・包含されている関係を示す

5) 図表番号，表題づけ（出所・資料の明示）

チャートが確定したら表題を決定し，さらに全体の中で図番号をふることも忘れてはならない．

さらにチャート化する際に使用，ないしは参考にした資料等の出所を明示する．その表記方法は引用・参考文献と同様である．

演・習・問・題

問1 あなたのゼミ等で使うレジュメを取り上げ,その問題点を挙げてください.
問2 あなたのプレゼンテーションの問題点を1つ挙げ,その改善方向を考えてください.
問3 あなたが気になっている問題について因果構造図を描いて分析してみてください.

参考文献

江藤茂博・鷲田小弥太(2005)『これ1冊でわかる大学活用術』松柏社
出原栄一・吉田武夫・渥美浩章(1986)『図の体系:図的思考とその表現』日科技連
西村克己(2002)『図解する思考法』日本実業出版社

《推薦図書》

1. 岩田昭男(2002)『ビジュアルシンキング仕事術』扶桑社
   図解思考の方法論,テクニックの解説書.
2. 久恒啓一(2002)『図で考える人は仕事が出来る』日本経済新聞社
   図解による思考法をはじめ,図解の活用法の解説書.
3. 西村克己(2002)『図解する思考法』日本実業出版社
   豊富な事例を消化しながら図解思考を示した入門書.

第 V 部
考え方, 問題解決法

- 第Ⅰ部 経営を楽しく学ぶ
- 第Ⅱ部 聴く, メモる, 話す
- 第Ⅲ部 情報検索と調査・分析
- 第Ⅳ部 レポート・論文・プレゼンテーション
- 第Ⅴ部 考え方, 問題解決法
  - 第11章 考え方と問題解決
  - 第12章 問題解決手法

経営の学び方

第11章の要約

　大学で学ぶことの基本は，専門知識や情報だけではなく，「学び方・考え方」を学ぶことであることを考察する．そして考え方は虫の目と鳥の目を基礎にしつつ，複眼思考と立体思考，学際思考さらにエコロジー思考の重要性を検討する．
　そして基本であるロジカル・シンキングとクリティカル・シンキングとは何を意味するのか，そして問題発見と問題解決にいかに結びつけるかを考察する．

第11章　考え方と問題解決

1. ものの見方，考え方

(1) 大学での基本は「学び方」を学ぶこと

　大学での学習の目的は何だろうか．多くの人は「教養を身につけること」「専門知識を獲得すること」と考えているかもしれない．しかし変化の激しい社会，新たな科学技術，手法が次つぎと開発される今日，大学4年間で獲得した知識や，情報はすぐに古くなり，陳腐化してしまうのも事実である．そうした時代には，何を学ぶことが重要なのだろうか．

　それは勉強の仕方，すなわち学び方を学ぶことである．わからないことをどうすればわかるようになるのか，どのように情報を収集するか，集めた情報をどのように分析・評価するのか，そしてどのように考え，組み立てるか．さらに自分の理解をどのように友人にぶつけ，対話，議論し，自らの考え方をまとめるかという方法の学習である．そのことは自ら問題をみつけ，その問題の分析を試み，問題を解決する方法を考え，そして具体的に解決に向けて実行し，その結果を評価・修正し，問題解決を実現する仕方の学習ということにもつながる．われわれは毎日の生活，行動は何らかの問題を認識し，その解決に向けての活動に他ならない．すなわち，学習の仕方を学ぶということは，問題解決すること，そして生きることを学んでいるのである．シカゴ大学経営学部の1年生向けの『大学で勉強する方法』では「勉強の仕方を学ぶときには，同時に考えること，生きることを学んでいるのである．学生が勉強の仕方を学んでいないとすれば，教育のもっとも重要な仕事が放置されているといわざるをえない」(山口訳，1995：19) と指摘されているのである．

　ここでの勉強の仕方，学び方はなにも教室の中だけでの勉強，学習を意味しているわけではない．図書館で資料を調べたり，インターネットで検索するのはもちろんのこと，アルバイト先での現場や，街の中，映画館，博物館，美術館さらにはTVをみたり，友人との会話を通じても学習は可能であり，そうし

た現実，現場での観察，経験と書物を通じた学習の連携，連結こそ重要な学習なのである．

(2) 鳥の目そしてエコロジー思考へ

われわれが朝目覚めれば，さらに家を出て歩き出せば，毎日のように新たな多くのモノやコトに出会う．しかし見逃したり，聴きそびれたり，感じられなかったことも少なくない．また同じモノやコトにぶつかっても人によって違う側面をみていたり，異なることを感じたり，考えたりすることばかりである．

学び方や問題解決を学ぶうえでの基本は，学ぶにしろ問題解決にしろ，学ぶこと，問題とすることをどのようにみるか，どのようにとらえ，考えるかである．すなわち，よくいわれる「ものの見方，考え方」である．その代表的な見方，考え方を検討しておこう．

1) 鳥の目と虫の目

高いところから見下ろして描いた図は鳥瞰図とか鳥目絵とよばれている．すなわち目線を変えて，異なる次元からみると違ったものがみえる，みえてくるのである．鳥の目に対して小さな虫の目でみた世界はまた異なる地図になろう．そして，われわれは，人間の視線の高さでみているのが一般的な世界であり，事物であろう．すなわち「鳥の目，虫の目」という多様な視点からみることの重要性を示唆している．

視点に関連して，「視野が狭い」あるいは「視野を広げる」ということもよく指摘される．ある狭い一点だけをみると全体がみえないことは良くあることであり，「群盲象を撫でる」といわれるように，自らの視野，視界を客観的に把握し，必要に応じて広角レンズに切り替えられる意識をもたなければならない．それには友人や他者の意見，発想に耳を傾け，多様な視点，視野があることを知り，自らの視点の拡大の訓練，努力をすることが必要となろう．

2) 複眼思考と立体思考

物事は表面のみから考えただけでは正しく全体を把握，理解することはむず

かしい．その裏面を考えることも必要であることはいうまでもない．モノやコトは利点，メリットもあれば，当然，欠点，デメリットもあり，それを総合的に思考することが求められる．そうしたことは複眼思考ともいわれる．われわれは片方の目をふさぐと，みるモノとの距離や動きが把握しにくくなるのを経験しているであろう．単眼では正確にモノやコトを把握できない実例であり複眼思考の必要性を簡単に体験できる．

　今まで空間的広がりを中心に述べてきた．すなわち広がりをもって考える水平思考，さらに深く掘り下げて考える垂直思考そして時間的な経過，その延長にある歴史的な広がり，すなわち時間軸の時間思考を加えて3次元で発想しモノ，コトをみ，考えることが求められる．まさに立体思考である．現在の状況だけではなく，過去，そして将来，未来についても考え始めて正確な把握，理解に近づくことになる．

　現実の経営を考えてみても，賛成意見，反対意見，自らの立場のみならず，上司の立場，部下の立場，諸関連部門の立場からも考える，まさに上下左右，正面，裏面，斜めそして過去からの変化や，将来の方向もから思考する立体思考，3次元思考が必要である．

　3）学際思考

　科学的な思考は精密・正確性を求めて，対象をできる限り狭め，しかも，できる限り部分に分けて，観察，思考し，モノ，コトの関連性を追求し，その法則性を見出す努力をしてきた．その結果が，さまざまな学問分野の区分であり，昨今ではその細分化，専門化が一層進んできている．「わかるとは分けること」などともいわれている．しかし部分がわかり，それを集めて集合させても全体にはならないし，全体を理解することができないことも知られている．今日発生するさまざまな問題はそうした細分化したひとつの学問の成果のみでは解決できなくなってきている．経営の問題も経営学のみならず，経済学，心理学，法学，社会学，文化人類学といったさまざまな学問分野の研究成果や助けが必要となってきている．そうした隣接する関連科学の知見を総合的に駆使して思

考することを学際思考とか学際的アプローチ（interdisciplinary approach）などとよんでいる．

　4) エコロジー思考

　現在エコシステム，リサイクルそしてエコロジー（生態学）が注目されている．その関連で経営の中でも環境経営や環境にやさしい企業づくりを目指す企業も増加し，個々の企業から環境経営白書なども発行されてきている．

　そうした発想の源にはエコロジー思考への転換がある．すなわち，伝統的には人間の社会システムは自然システムと分離して考えてきた．したがって自然は無限に利用でき，また無限に廃棄することが可能と考えてきた．しかし現実は，自然は限られており，天然資源は減少しており，一方では，人工システムの廃棄物によって地球システムは汚染，破壊が進んできており地球システムは均衡を崩してきているのである．

　エコロジー思考の重要性を指摘する立花は「無機質→（生産者）→有機質→（消費者）→（還元者）→無機質」というサイクルが成立するシステムをエコシステムの骨格であるとし，還元者を重視し自然循環を前提とする，人間を含む自然全体を対象とする思考法をエコロジー思考としている（立花，1990）．

2. ロジカル・シンキングとクリティカル・シンキング

(1) 論理的思考

　現代の若者は感性は豊かだが論理性，論理的思考が弱いと指摘されている．筋道を立て論理立てて考えることは，昨今ではロジカル・シンキング（Logical Thinking）などとよばれている．そうした論理立てて思考し，筋道を立てて説明できる力は論理力として，現代ビジネスマンの重要な能力，武器ともいわれている．それを測定評価するテスト TOLAP とよばれる試験も開発されてきている（照屋・岡田，2001）．

　論理的ではないといわれるものの見方，考え方は主に以下の5つの点に集約され批判されることになろう（グローバル・タスクフォース，2002）．

1) 一面的思考

ひとつのことに目がいってしまうと，そのことだけしか考えないし，考えられなくなってしまう．そうなると他の側面や，他の視点は抜けてしまう，抜けだらけの思考は，体系的，論理的思考とはいえない．非客観的な一面的思考などといわれてしまう．

2) 粗雑な思考

じっくり考えずに思いつきや，表面的なことだけで考えてしまう人がいるとしよう．考えなければならない点の関連事項や，その奥や裏のことなど分析されないままでの思考である．なぜ，どうしてはまったく考えず起こったこと，現象のみを追いかけては発想したものなど，粗い，粗末な思考として批判されよう．

3) 思い込み思考と証拠不十分

論理的とは論拠のうえにたった考え，主張であり，なぜそう考えるかの論拠，データを十分用意することが必要となる．思い込みも，証拠や事実を無視した発想で注意を要する．なぜの根拠が曖昧，その証拠データがなかったり，不十分であれば，説得力の弱い，考え方や主張となってしまう．毛沢東の「調査なくして発言権なし」は名言としてよく知られている．証拠データを十分調査し，収集・分析のうえでの考え方をまとめ，発言することの重要性を物語っている．

4) 一貫性の欠如

考える筋道がバラバラであったり，データがあっても論点とその証拠がズレていたり，一貫性がなければ，何を考え，何を主張したいのかは不明で，相手に伝わらない．また，前半の意見と後半の意見が異なり矛盾していれば，一貫性不足で，その場合も，聞き手はどう理解すればよいかわからない．

5) 論理の飛躍と屁理屈

思い込みが激しかったり，あるいは無理やりこじつけた思考では，自分では筋が通っていると思っていても，段階的にはなっておらず，発想が飛躍してしまう．それは論理の飛躍であり，これも　相手に理解されない考え方として論

理的とはいわれないのである．

　日常的に「屁理屈」という言葉がよく使われる．理屈とはそもそも無理やりに関係づけたり，筋が通ったよう無理な説明，いいわけをすることである．したがって屁理屈はつまらない，取るに足らない理屈であり，自分の考える筋道や論理が屁理屈になっていないかは常にチェックする必要がある．

(2) 論理的思考の方法論

　前述のような5つの非論理的思考，そして発言・主張に陥らないためにさまざまな論理的思考のための技法が開発されてきている．ロジカル・シンキングやクリティカル・シンキング・セミナーではそうした技法の理論とテクニックを学び，その繰り返しのトレーニングによって習慣で無意識に論理的思考が実践できるようになることを目指しているのである．ここではその代表的思考法を紹介するが，詳しくは参考文献を読み，自主的トレーニングを繰り返すか，セミナーに参加してみることも一方法であろう．また具体的な方法論については問題解決法のところで検討する．

　1) ミッシ（MECE = Mutually Exclusive Collectively Exhaustive）思考とプロセス思考

　ミッシの意味は洩れやダブリがないことを意味する．すなわち，ある課題を検討するときに，さまざまな角度から検討し，漏れのない全体像を描き，そして，それぞれの部分・要素の関係を検討して，ダブリや重複を整理し，全体の関係性を明らかにすることである．体系的で統合的な全体像の把握である．

　① 5W1H

　もれのない思考のための重要なチェック法として5W1Hがもっとも基本といえよう．すなわち，何を（What），いつ（When），誰が（Who），どこで（Where），なぜ（Why），どのように（How）するかの5つのWと，ひとつのHである．しかし最近ではいくらで（How much）が加えられ，5W2Hといわれる場合が多くなってきている．もれのない現状分析や，行動計画立案を行う

ためのチェックリストであり，ミッシを実現するひとつの方法である．

　そのうえで，どこから手をつけるのかの優先順位，すなわちプライオリティー（Priority）を明らかにすることが求められる．

② ロジックツリー（Logic Tree）

ロジックツリーはその名のとおり論理の木であり，ひとつの課題についてもれなく，論理的に分析，考察する方法である．

　図表11－1は授業への遅刻防止のためのロジックツリーによる対策の一例である．

　対策の大小，その対策を実行するための具体的対策というようにレベル1，レベル2，レベル3というように，より詳細な対策へと分解，整理していく．

　この事例では対策の分解をロジックツリーで体系的に整理したが，ある問題の発生原因を分解し，その問題を起こした原因，さらにその原因というような結果と原因のロジック関連を図示することもできる．それは因果関連図あるい

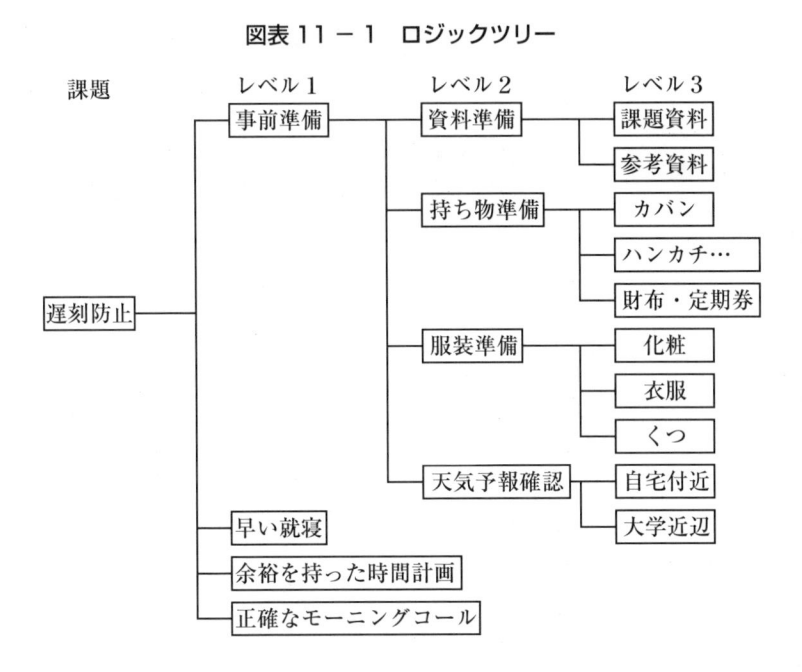

図表11－1　ロジックツリー

課題	レベル1	レベル2	レベル3
遅刻防止	事前準備	資料準備	課題資料
			参考資料
		持ち物準備	カバン
			ハンカチ…
			財布・定期券
		服装準備	化粧
			衣服
			くつ
		天気予報確認	自宅付近
			大学近辺
	早い就寝		
	余裕を持った時間計画		
	正確なモーニングコール		

は，後述する特性要因図（魚の骨）などの名称がつけられ活用されている．

ロジカルツリーや因果関連図による思考は洩れやダブリのない体系的，総合的発想を具体化する技法であるが，それは同時にひとつの結果や対策，それを生んでいる元の原因は何か，あるいはその対策を実現するための，前の対策は何かというように，一つひとつのプロセスをたどっていくことであり，見方を変えればプロセスで考えるプロセス思考ということもできる．

③ フレームワーク思考

洩れなく，ダブリなくの思考とは逆に，ある枠と要素の限定して発想，思考していく考え方をフレームワーク思考などとよばれている．

図表11－2は遅刻の原因は前述したように多様な原因が考えられるが，その中でも化粧，衣服選択，靴選択の3つの原因に絞って発想，考察するフレームワークである．研究や，そして論文作成などでは関連の要因のすべての研究は困難であり，先行研究などから要因を限定に，そこの焦点を当てて検討考察を行う

こうした限定的に焦点化しフレームワークを設定したうえでの発想，検討法もある．

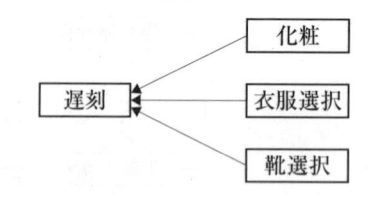

図表11－2　遅刻原因分析のフレームワーク

④ ゼロベース思考

ゼロベースとはまったく白紙，ゼロから発想するという思考方法であり予算設定などでよく活用され，ゼロベース予算などとよばれている．すなわち，予算策定作業はどうしても前年度をベースに何を追加するか，何を減額させるかという発想になる傾向が強い．前年踏襲，前例継続ということになりやすい．

そこで一度白紙に戻して，ゼロから発想することによって過去の慣行的課題，予算を断って，新たな状況やニーズに応じた課題，予算設定を行う発想法である．状況変化に応じたロジカルな思考を実現するためのひとつの発想法といえよう．

3. 問題解決，問題発見

(1) 毎日の行動は問題解決行動

われわれの毎日は問題に気づき発見し，それを解決に向けて努力する行動を続けているとみることもできる．授業でレポートの課題が出され，その課題に関する情報を集め分析し，レポートを作成するのもひとつの問題解決ともいえるが，どうも最近授業に遅刻する頻度が多くなり，その解決のために通学電車の時刻や乗り換えの状況を再点検して，なんとか遅刻を減らそうと努力することも問題解決行動に他ならない．あるいはゼミの討論で，少しわからないことが増え，議論についていけないことが生じてきており，それを友達のノートを借りたり，参考文献を紹介してもらって，なんとかついていくべく努力する行動も問題解決行動である．

さて，問題解決の前に問題とは何かを少し論理的に整理しておくことにしよう．図表11－3のように，一般的に問題は，あらかじめ定められた基準と現状とのギャップである．10時10分の授業開始時間に間に合わず，10時30分についてしまう．この20分の差が遅刻として問題とされるのである．そうした決められた基準とのギャップである問題は日常生活で数多く発生する．そのギャップを埋めるべくさまざまな是正措置，修正行動，トラブル処理が行われるが，それが問題解決行動とよばれるものである．この場合の基準はあらかじめ，定められたり，与えられたりしており，それと現状とのギャップを埋める行動であり，受身的な問題解決ともいえる．しかしより積極的な問題解決もあり，その行動が今日では重要視されてきている．すなわち基準自体に疑問を感じ，状況の変化を予測し，あるべき姿，期待水準を達成目標として設定するこ

図表 11 - 3　問題とは何か

```
                                        ありたい姿
                                        ＝期待水準
                            ↑
                            ┊
                            ┊  発見された
                            ┊    問題
                            ┊
            ─────────基準─┊
        ↑                   ┊
        ┃                   ┊
        ┃ 基準とのギャップ    ┊
        ┃    ＝問題          ┊
        ┃                   ┊
        ↓                   ┊
                            ──── 現状
```

とによる，現状との差を縮める行動である．自ら積極的に新たな期待水準の設定によって生ずる現状との差を発見することを問題発見とよび，変化の激しい今日，非常に重視されてきているのである．

(2) 問題解決の手順

先に受身的問題解決と積極的問題解決に2区分したが，前者は基準に照らし，現状とのギャップを問題として設定して取り組む問題解決の方法である（川喜田，1977）．その手順が図表に示された ① から ⑦ のステップであり，基本的な問題解決の手順といえよう．

1) 問題設定

問題設定は対象とする問題の定義ともいわれている．どのような問題を取り上げて検討し，問題把握・分析をするのかの設定である．「問題点が明確化されれば，問題はほぼ解決する」といわれるように，その問題の具体的な定義づけ，設定が重要である．

2) 問題分析

定義づけされた問題の実態，すなわちどのような結果をもたらしているのか，

図表 11 − 4　問題発見から問題解決の手順

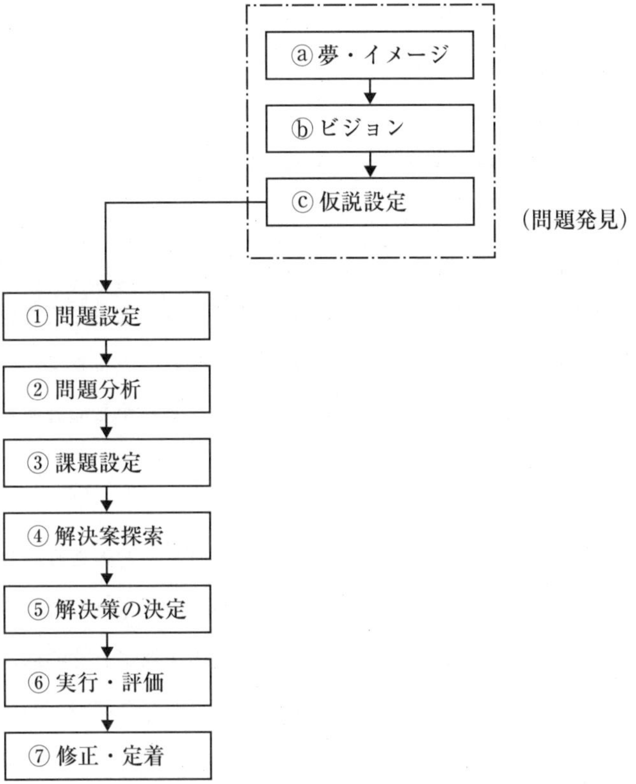

```
        ┌─────────────────┐
        │  ⓐ 夢・イメージ    │
        │       ↓         │
        │  ⓑ ビジョン       │
        │       ↓         │
   ┌───→│  ⓒ 仮説設定       │    （問題発見）
   │    └─────────────────┘
   ↓
 ① 問題設定
   ↓
 ② 問題分析
   ↓
 ③ 課題設定
   ↓
 ④ 解決案探索
   ↓
 ⑤ 解決策の決定
   ↓
 ⑥ 実行・評価
   ↓
 ⑦ 修正・定着
```

どのような原因によって，その問題が生じているのかといった問題の定性的，定量的な把握，分析である．幅広い，調査分析が求められる．

3）課題設定

問題分析を通じて問題の全体像が把握できた後に，いったい最重要な原因，本質的問題は何なのかの検討である．その結果，どの要因の改革，除去を行うのかという問題解決のための取り組むべき課題の設定，解決のための目標設定を行う．

4）解決案探索

設定した課題解決にはどのような方法があるのかをできる限り幅広く検討す

る．思い込みや思いつきの案ばかりでなく，まさに発散思考で多角的な視点から解決案を探索する．

5）解決策の決定

提案された多くの案の中から実現可能性，そしてその解決案の課題解決への効果性，実行のための費用・期間・人材等の総合比較，評価により解決策を選択決定する．

6）実行・評価

解決策の細部をつめ，詳細案，実行のスケジュールを策定して実行に移す．当初の予想通りの日程と内容が実現するとは限らない．さまざまな問題が生ずることもある．そこで実行結果を測定・評価する．あらかじめ評価項目，事項を決めておくことも必要である．

7）修正・定着

評価結果を受けて，よりよい問題解決のために何を，どのように修正するかを検討し，さらには修正後のシステム等が日常的に実行されるための定着策を立て，新たな解決策の持続的な実行を促進する．解決策が一時的には作動したが，過去からの慣性でいつの間にか元に戻ってしまい，また同じ問題が発生するというケースも少なくない．その意味では一定期間のモニターと持続的な定着のための支援，マネジメントを怠ってはならない．

8）問題発見といわれるもの

より積極的問題解決は基準自体への疑問，さらには状況の変化を予測し，あるべき姿，期待水準を達成目標として設定して問題解決を目指すものである．したがって手順としては，基本的な問題解決手順がスタートする以前のプロセスが追加されるとみることができる．それはあるべき姿の明確な方向が見定められているビジョンに基づき，将来方向を予測ないしは仮説を設定し，その期待水準と現状とのギャップを問題として設定することにある．そうしたケースもひとつの亜流として明確なビジョンというよりも夢やイメージから，将来方向を予測・仮説設定するものである．それらがいわゆる問題発見，あるいは問

題形成などともよばれている.

① 夢・イメージ

現在は目指すべきモデルなき時代といわれ続けている．戦後わが国は多くの分野においてアメリカがひとつのモデルとされ，それに追いつき追い越せで進んできた．まさにキャッチアップの時代であったが，今や，それに追いつき，いくつかの分野では追い越し，すでに目指すべきモデルを失ったのである．そこで重視されるのが自らのモデルづくりであり，ビジョン構築である．

そうしたひとつのモデルやビジョンは個人の夢や直感，イメージから構想されるのが一般的である．個人的な将来実現したい望みや願いである夢，それが心に描かれればイメージ（心象）となる．

② ビジョン（vision）は将来方向であり，将来像である．仕事，職場，企業といったさまざまなレベルでのビジョンが構築される．そのプロセスは前述の個人のビジョンが，他のメンバーに示され，それが対話やミーティングを通じて共有される．そして一定の期間を経て部門や企業全体のビジョンとして共有化され明確なものとされ，さらにそれは公式的なビジョンとして制度化されることになる．そうしたビジョンへの思いが強ければ強いほど，ビジョンと現状とのギャップが問題として発見・形成され，その問題解決へのエネルギー，意欲となっていくのである．

③ 仮説設定

将来像としてのビジョンに基づき，その実現に向けての青写真，戦略（方向づけ）を仮説的に設定する．それが基準になり現状とのギャップとしての問題が明らかになり，問題解決のプロセスをたどることになる．問題解決には問題意識が重要であるといわれ続けてきたが，このビジョンと仮説設定こそ，まさに問題意識の具体的姿と考えることができよう．

(3) 計画力と実行力

前述したような問題発見,そして問題解決のプロセスをスタートさせ,それぞれの段階を着実に進めるには,全体を企画し,必要な人材,資源を調達・配分し,さらに組織づくりを行い,困難にぶつかっても成し遂げる計画力,実行力が求められる.

そして昨今とくに計画力や実行力の基盤となる「ものに恐れず臆しない気力や度胸」（広辞苑）としての胆力,あるいは「厳しい現実に立ち向かう意思」（Tichhy, 1998）としてのエッジ（Edge）としての態度,心性が重要視されてきている.

(4) チームでの問題解決──ビジョンの共有のための伝道

ビジョンの浸透,共有は企業のビジョンの語り部,伝道者としての役割が求められる.

その原則として7つが提示されている.①話は単純明快に,②比喩や類比,例を用いる,③さまざまな情報交換の場を多用する,④ひたすら繰り返す,⑤言行一致,⑥矛盾することははっきり指摘する,⑦双方向の議論を何度も行う（Kotter, 1996）.

演・習・問・題

問1 あなたが得意とするのは,どんな思考（法）でしょうか.
問2 あなたはロジカル・シンキング能力を高めるために克服すべき弱点は何ですか.
問3 あなたが最近行った問題解決行動を1つとりあげ,問題発見から解決策の実行までのプロセスを分析して書いてみてください.

参考文献

Kornhauser, A. W. (1993) *How to study*, The University of Chicago Press.
（山口栄一訳『大学で勉強する方法』玉川大学出版局,1995年）

グローバルタスクフォース（2002）『通勤大学 MBA（3）クリティカル・シンキング』総合法令
川喜田二郎（1977）『知の探検学』講談社
立花隆（1990）『エコロジー的思考のすすめ：思考の技術』中央公論社
照屋華子・岡田恵子（2001）『ロジカルシンキング』東洋経済新報社

―――――《推薦図書》―――――

1. 苅谷剛彦（1996）『知的複眼思考法』講談社
   複眼思考法のみならず読書法，作文技法，問いの立て方など学生向けにかかれた学習ガイドの基本文献．
2. 加藤昭吉（1995）『考え方の時代：仮説からの発想』論創社
   考えることの重要性，仮説先行的な思考法をわかりやすく説いた好書．
3. 立花隆（1990）『エコロジー的思考のすすめ：思考の技術』中央公論社
   エコロジーとそうした思考法の重要性をわかりやすく解説．
4. 中島一（1990）『意思決定入門』日本経済新聞社
   意思決定という視点から問題解決行動をわかりやすく解説した入門書．
5. 野口靖夫（1997）『考える技術』創元社
   考えることについてわかりやすく解説した入門書．

第12章の要約

　ここでは問題解決の具体的方法のエッセンスを紹介する．問題解決法は大きくは思考を発散させる方法と，多様なアイデア，情報を収斂させる方法，そして実現のための計画技法に区分される．そして発散思考法としてのブレーン・ストーミング法（Brain Atorming），チェックリスト法，NM 法を，収斂思考法として KJ 法，特性要因図法，図解技法を，そして3つ目の計画技法，ガントチャート法，PERT 法，マインドマップ法，シナリオライティング法を概説する．
　そして最後に，ブレインワークとフットワークが両輪であることを再検討し，各自の強み，弱みの自省を試みる．

第12章　問題解決手法

1. 2つの問題解決手法

　問題解決には一般的に発散思考と収斂思考という2種類の思考法が使われる．発散思考は，発想を自由にし，多様な視点からアイデアを次つぎに提示するものである．一方，収斂思考は，多様な情報，アイデアを集約，まとめ，ひとつの方向に収斂させる思考法である．問題解決プロセスで具体的に考えれば，たとえば問題設定の段階で，まずはどのような問題が存在するのか，多様な角度から発散的に問題点を提示し，幅広く問題点を提起することが必要となる．そして数多くの問題点の中から，現状において何を優先的に取り上げるか，重点を絞って収斂させ問題設定をすることが求められる．このように発散思考と収斂思考を交互に活用する必要がある．他の段階でも同様であり，問題解決のプロセスでは発散と収斂の繰り返しにより，問題解決がなされるのである（佐藤，2003）．そこで以下では問題解決で活用される手法を，この2つに区分して考察する（高橋，1999）．

(1) 発散思考法
　1) ブレーン・ストーミング法（Brain Atorming）
　BS法とも略称されるが，10名ほどで一定のテーマについて意見，アイデアを出し合う方法であるが，ⓐ自由奔放，ⓑ質より量，ⓒ批判厳禁，ⓓ結合改善を4原則として，次つぎに意見を出し合う．すなわち自由に発想し，とにかく質を気にせず，どんどん思いついた意見を数多く提示し，他者の意見を決して批判しないで次つぎと新たなアイデアを出すという発散思考法である．
　とくに批判厳禁の原則が重要で，幅広く活用されている．
　2) チェックリスト法
　一定の思考や行動について抜けや落ちを防ぐために用意されたのがチェックリストであるが，それは発想においても同様であり，チェックリストをヒント

やきっかけにして，アイデア，意見を強制的に出させる方法である．テーマによってさまざまなチェックリストがあるが，論理的思考方法で紹介した5W1Hもチェックリスト法といえよう．BS法の考案者である米国の経営者A.オズボーンは新たな製品，モノを考える時に9つのチェックリストを用意している．それはひとつのモノ，たとえば腕時計を取り上げ，ⓐその他への転用は，ⓑその応用は，ⓒ変更したら，ⓓ拡大したら，ⓔ縮小したら，ⓕ代用したら，ⓖ再配列したら，ⓗ逆転したら，ⓘ他と結合したら，というように9項目のチェックによってアイデアを強制的に発想させる方法である．

3) NM法

強制的に発想させるもうひとつの方法として類比発想法がある．これは，全く異なったものを関連づける，すなわちシネクティックス（Synectics）による発想法である．これにもいくつかの方法があるがそのひとつに中山正和の考案の頭文字をとって名づけられたNM法がある．

その主要な手順はまず，①課題設定に始まり，その課題について，②キワード設定，そして，③類比発想，その発想の④背景探索，そして，具体的⑤アイデアを発想し，最後に，⑥まとめという手順である．

(2) 収斂思考法

1) KJ法

文化人類学者川喜多二郎が現地調査の結果をまとめる方法として開発し，1970年代から80年代にかけては日本企業の多くで問題解決のために活用された．これも開発者の氏名の頭文字を取って名づけられたものである（川喜田，1966）．

主要手順は，①テーマ設定，②意見・アイデアを出しカードに記入，③類似カードのグループ化（小グループ），④グループの見出しづけとカード記入，⑤タイトルの類似カードのグループ化（中グループ），⑥中グループの見出しづけとカード化，⑦大グループにまとめ，見出しづけ，⑧グループの配置，

⑨ 全カードの貼り付けと作図である．

　KJ法の特徴はアイデアや見出しをラベルカードに記入すること，そしてカードのグループ化と見出しづけである．カードに記入する内容や見出しは「……について」というものではなく，いいたいことを短く，わかりやすく表現したものであり，1枚のカードにはひとつの内容が大原則である．そして類似したカードのグループ化も表面的な言葉の類似性でグループ化するのではなく，内容の本質，そのカードがいいたいことに耳を傾け「虚心坦懐」に呼び合うカードをグループにまとめる．単なる分類ではなく，そのグループ化と見出しつけこそ，新たな発想，創造の出発点といわれる．どこにもグループ化できないカードは「一匹狼」として無理にどこかのグループに入れずに単独にしておく．

　大グループまでできたところで模造紙に配置し，因果関係，相反するグループなどグループの関係づけをしながらストーリーづけもし，それぞれの大グループの位置を定め，その後，中グループ，小グループそしてカードの位置づけをし，貼り付け図解する．

　企業では整理がむずかしい問題点あるいは改革案のまとめに使われ，またグループで行えば全員の意見も最終図解に織り込まれ，参画的技法ともいわれている．

2) 特性要因図法

　特性は，問題が生じた結果を意味し，その結果の原因としての要因の関連づけを図解化したものを特性要因図とよんでいる．TQC（TQM）の改善の中でも代表的手法として使用され，図のイメージから「魚の骨」ともよばれている．

　まず① 取り上げる，困っている問題によって生じている結果，すなわち特性を明確にする．② そしてその結果を生じさせている要因，すなわち主要な原因（中骨）を洗い出す．③ さらに，その原因を生じさせているさまざまな原因（小骨）を洗い出す．④ 魚の骨図として図解する．⑤ 結果を生じさせている主要な原因を特定し，それを図上に明示する．

第12章　問題解決手法

3）図解技法

前述の2つの技法も図解化して統合・収斂を行うという意味では図解技法ということもできるが，他に対比・類型チャート，マトリックス・チャートなども修練手法としてよく活用される．その詳細は第8章で紹介しているのでここでは省略する．

2. 計画手法

1）ガントチャート法

古典的ともいえる日程計画とその管理法であり，アメリカ人ガント（Gantt, H. L.）によって考案された．テイラーの科学的管理法の実践を支えた動作研究とともに2本柱のひとつといわれている．最近は経営学辞典でもあまりみかけなくなったが，図表12－1のように業務内容と期間の予定を太線で表現し，その上に実績を細線で表記し，日程管理を行う方法である．

作成も簡単で，一覧性があり，目でみる管理が可能なため，今日でも計画・

図表12－1　ガントチャートの応用例

作業名	担当者	10月	11火	12水	13木	14金	17月	18火	19水	20木
A	山口						(計画)(実行)			
B	高橋									
C	川上									
D	斉藤									
E	加藤									
F	山下									

実績管理など，それを基本として幅広く活用されている．

2) PERT 法

Programu Evaluation and Review Technique の略称で，1958年にアメリカのコンサルティング会社ブース ハミルトン社が開発した計画立案，実施管理の手法である（野口，1969）．

もっとも時間を要し，全体計画の進行のうえで制約となる重大な作業プロセス，工程であるクリティカルパス（Critical Path＝重要な工程）を求め，それを重点的に管理することによって業務プロジェクト全体のスケジュール管理を行う方法である．

日程管理を中心とする PERT/Time とコスト管理を中心とする PERT/Cost に区分される．今日注目されている TOC（Theory of Constraints＝制約条件の理論）は全体のプロセスの中でボトルネック（Bottle neck＝隘路）を探し，そこに焦点を当てて改革を行い全体最適を目指すという発想と通じるものがある．

図表12-2のように各作業（イベント）の開始と終了を①で表し，時間を

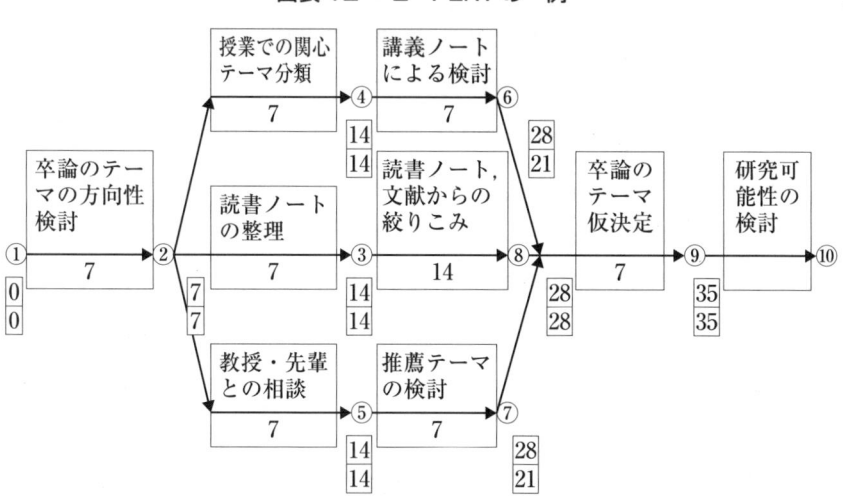

図表12-2　PERTの一例

使う作業（アクティビティー）は実線であらわす．上が作業名で下の欄の数字は作業時間（ここでは日数）を示す．スタートから作業時間を加算して計算，クリティカルパスは太い矢印で示す．

　3）ビジョンを描くマインドマッピング法

　企業のビジョンを描くには，社員の心を揺さぶるようなリーダーの人生についてのビジョンが必要であり，そのための自己分析からスタートすべきであるという主張もある（Boyett and Boyett, 1998）．その個人のビジョンを描く方法として，さまざまな夢・イメージやアイデア，目標などを相互に関係づけ，視覚化し図解する方法をマインド・マッピングとよぶ．それをグループで行う場合はグループ・マインドマッピングともよばれている．

　4）シナリオ・ライティング法

　未来予測の代表的手法として，以下の3つが代表的方法といえよう．

　　①　規範目標設定法（規範的方法）

　　　あるべき目標を定める．

　　②　Delphi法（合意形成法）

　　　例）「変容する1980年代の労働者生活の予測」1972年，665人

　　③　シナリオ・ライティング法（統合法）

　　　a）楽観（ポジティブ）・中立（スタンダード）・悲観（ネガティブ）法

　　　b）シナリオ・ロジック法

　一般にシナリオ・ライティング法は"楽観，中立，悲観法"とも名づけられる2つの極端なストーリーとその中間的ストーリーを描くものが一般的であろう．しかし本研究ではシェル・グループの経営戦略策定に長年活用され，世界的にも著名な，焦点課題を特定し，影響要因を分析，シナリオ・ロジックを選定して，シナリオを描く"シナリオ・ロジック法"ともよぶべき方法を用いることにした．

　その"シナリオ・ロジック法"も，以下のような3つの方法がある．

　　・演繹的シナリオ（全体的枠組み設定とデータの位置づけ）

・帰納的シナリオ（入手データをもとに段階的にストーリー組立て）
・逐次的シナリオ（オフィシャルな未来をもとにシナリオ展開）

5）SMART

GE 社が官僚的体質を打破し，問題解決をスピーディーに実現する方法としてのワークアウト（Work-out）運動の中で重視されたゴール設定法である．それは目標はできるだけ引き伸ばし（Stretch），測定可能（Measureble），かつ達成可能（Achievable）で，現実的（Realistic），そして期間を区切った（Time-related）ものにすることを重視している．

3. 2つのブレインワークとフットワーク

問題解決には，一般的に2つの思考法が使われるという．そしてその実行には積極的行動，障害にぶつかっても粘り強い実行意志が求められる．

図表12-3は，思考（ブレイン・ワーク）と実行（フットワーク）の組合せによって類型化を試みたものである．例えば発散思考が強い一方，フットワークが重いタイプは「口だけ系の評論型」で幅広く考えるが，なかなか実行できないタイプである．あなた自身は，どのタイプに近いだろうか．「できる系統合型」を目指したいものである．

図表12-3　思考と行動の類型

	フットワーク重	フットワーク軽
収斂 ブレイン・ワーク	まじめ系 堅実型	できる系 統合型
発散	口だけ系 評論型	はしる系 行動型

(1) イメージ思考と複雑系思考

　ここまで論理的な考え方，問題解決法を中心に検討してきた．論理的思考，発想，行動それはまた理性的であり合理的であり，さらには科学的であるといわれてきた．

　しかしわれわれは論理的に考えるのみではなく，イメージで思考することはアリストテレスの時代から指摘されてきたが，あまり注目，重視されてこなかったのである．しかし脳科学の進展は左脳と右脳の働きが異なることが明らかにされ，論理的，分析的そして言語的役割は左脳が果たし，したがって言語脳とよばれ，右脳は感情的で総合的，そして直感的な機能を果たすイメージ脳などともよばれている．そして考えているときは右脳と同時に左脳も使い，言語で考えると同時にイメージ，とりわけ視覚的イメージで考えているようである．とくに新たなことを考え知的な飛躍が必要なときや，考えに行き詰まり，それを考え続けてヒラメキが生まれるといった発見的な学習には，イメージ思考が中心となるといわれている（品川，1994）．

　すでに他で直感的思考について論じたが直感思考とはイメージ思考とほぼ同義である．

　さらに昨今では問題や対象を分解し分析すれば，その本質がとらえられ，それを総合すれば全体が把握され，そして問題全体が解決されると考えてきたのである．しかし分析してわかったものを足し合わせても全体がみえないことが多くなってきている．外科的手術で病んだ部分を摘出し，人工臓器を移植しても健康は回復しないのはその一例ともいえよう．実際，現実はより複雑であり，伝統的な分解・分析的発想は要素還元主義，すなわち部分的要素に分解，還元すれば，ものの本質が理解できるほど単純ではないという発想の重要性が指摘され，あらたな考え方が複雑系思考として提起されてきているのである．

　そうした発想はさまざまな分野で同時的に生じており，複雑系思考を表現する概念は少なくない．従来の科学的といわれる知識，法則が当てはまらない，予測がずれてしまう事態が数多く生じてきているのである．

現実世界のモノもジョウホウも人間も実に複雑，曖昧（ファジー）な存在であるという見方，考え方は「ゆらぎ」や「カオス」に着目する．すなわち，物体は固体，液体，気体と変化するが，その変化を物理学では物体の3態の変化すなわち「相転移」とよぶ．その変化のプロセス，たとえば固体の氷が液体の水に変化する途中では氷がとけ結晶は崩れ，「ゆらぎ」が生ずる．現実は，3相のみではなく，そうした不安定な状態が存在し，それがあるから変化が可能なのである．

　われわれの心電図は規則性が存在はしているが，その中に小さな乱れがあるのが読み取れる．その規則性がみられなくなると不整脈と病的状態となるが，規則性の中の乱れがカオス（混沌）とよばれるものである．すなわち，秩序の中の混沌である．それは気象や化学反応さらに株価の変動にもみられ，従来の論理では説明できない現実なのである．

　2つの要素の関係をグラフにすると直線で表される，比例関係，相関関係などは線形といわれるが，そうした単純な関係ではない曲線などで示されるのは「非線形」とよばれる．たとえば，ひとりで1日100個の部品を製作できる仕事があり，それを2人ですれば100個＋100個＝200個でき，3人なら300個という状況をグラフで表せば直線すなわち線形である．しかし2人が刺激しあうと200個を上回り250個，3人で380個できるとなる関係をグラフにすると曲線となり，すなわち非線形となる．

　一方，物体の形状に着目するとフラクタルすなわち自己相似性あるいは自己相似体とよばれる．きわめて複雑な形状をした物体も，微小な部分を観察すると，他の部分と類似し，さらに全体と同じ形がみられる．すなわち，複雑な全体も同じ形の部分の集合であり，ことわざの「一を聞いて十を知る」はまさにフラクタルを表現したものであるという研究者もいる．

演・習・問・題

問1 友人とブレーン・ストーミング法を試してみてください．
問2 もっとも関心をもった方法を1つ選び，その詳細を調べ実際に試してみよう．

参考文献

川喜田二郎（1966）『発想法』中央公論社
川喜田二郎（1977）『知の探検学』講談社
野口昭吉（1969）『計画の科学：どこでも使える PERT-CPM』講談社
佐藤允一（2003）『図解問題解決入門：問題のみつけ方手の打ち方』ダイヤモンド社
高橋誠（1999）『問題解決手法の知識』日本経済新聞社

《推薦図書》

1. 井上忠生＋アーク・コミュニケーションズ（1998）『複雑系の思考法』日本実業出版社
   複雑系の発想，思考法をわかりやすく解説．
2. 西村克己（2005）『論理的な考え方が面白いほど身につく本』中経出版
   問題解決，論理的思考をわかりやすくビジュアルに解説した入門書．
3. 品川嘉也（1994）『考える技術』PHP 文庫
   イメージ思考の重要性をわかりやすく解説した入門書．
4. 高橋誠（1999）『問題解決手法の知識（第2版）』日本経済新聞社
   問題解決法を体系的，具体的に解説した好書．
5. Goldberg, F. (1983) *The Intuitive Edge*, Jeremy P. Tarcher Inc.（神保圭志訳『直感術』工作社，1998年）
   論理思考を補完する直観思考，直観術を解説したユニークな書．

索　引

あ行

IC レコーダー　53
アトム　25
アナログ思考　24
アンケート調査　79
AND 検索　66
威光暗示考果　86, 87
以心伝心　31
1元配置の分散分析　109
1次情報　144
一面的思考　173
一般理論　19
イメージ　181
因果構造図　160
インターネット調査　82
インタビュー　79
インプリケーション　134
引用　141
引用文献　142
Webcat Plus　69
Web ページ　65
右脳　192
永久革命組織　4
エコロジー思考　172
SMART　191
NM 法　186
NDL-OPAC　69
演算　65
OR 検索　66
OPAC　68

か行

会議　40
解決案探索　179
街頭調査　81
カイ2乗検定　107
概念　122
カウンセリングマインド　34
カオス　193
科学的思考　24
書き言葉　138
学際思考　171
楽習力　8, 9
仮説設定　181
仮説の検討　80
課題設定　179
カテゴリカル・データ　106
関係チャート　159
間接引用　141
ガントチャート法　188
関連図　160

棄却学習　20
危険率　106
期待水準　177
期待値　107
帰無仮説　107
脚注　141
キャリーオーバー効果　87
共感関係　34
京大カード　52
協調学習　14
議論　15
キーワード　65
Google　73
グラフ　157
　――化　100
クリティカルパス　189
クロス集計　99
経営職能　20
計画書　182
KJ 法　186
形式性　143
傾聴　34
傾聴能力　34
系統抽出法　91, 92
研究可能性　125
研究視点　132
研究テーマ　123, 131
研究ノート　115
研究レポート　117
言語脳　192
好奇心　9
高コンテクスト　32
構造チャート　159
口頭発表　147
国立国会図書館　69
5W1H　174
個別主義　19
コミュニケーション　31
コンテクスト　31
コンプライアンス経営　7

さ行

サイコグラフィック要因　99
CiNii　71
最頻値　104
作業仮説　22
サーチエンジン　65, 72
左脳　192
サンプリング誤差　93, 106
サンプル　91
Jcrooss　69
GeNii　71

自己学習力　9
自然言語　33
実行力　182
実態の把握　80
質的実証　127
質問紙調査　79
シナリオ・ライティング法　190
シナリオ・ロジック法　190
社会的責任のレベル　6
自由回答　90
集合調査　81
従属変数　110
収斂思考法　186
授業ノート　58
熟読　56
順法責任　7
条件依存理論　19
証拠立て　126
情報検索　65
職務責任　7
書誌情報　67
所蔵情報　67
信頼度　106
数値データ　103
図解　157
ステレオタイプ　86
精読　56
正・反・合　41
制約された合理性　24
積極的貢献　7
ゼロベース思考　176
先行研究　130
全数調査　91
層化抽出法　91, 93
速読　56
　──法　56

た行

対応責任　7
第3世代の学問　22
代替案　25
対立仮説　107
対話　15, 38
多項選択式　88
多段抽出法　91, 92
多読　56
ダブルバーレル質問　86
多変量解析　110
単一回答　88
単純集計　98
単純無作為抽出法　91, 92
チェックリスト法　185
緻密性　144
チャート　159, 160
注　141
中央値　103

中範囲理論　19
調査票　83
直接引用　141
直感的思考　24, 192
通読　56
である調　138
TOC　189
t 検定　109
低コンテクスト　32
定性調査　79
定量調査　79
デジタル思考　24
ですます調　138
データクリーニング　99
データベース　65
デモグラフィック要因　99
電子ジャーナル　71
電話調査　82
統計ソフト　109
読書ノート　57
読書法　55
特性要因図法　187
独創性　144
独立変数　110
鳥の目　170

な行

2元配置の分散分析　109
2項選択式　88
2次情報　144
ネットワーク図　160
根回し　40
残された研究課題　134
NOT 検索　66
ノート　48

は行

発散思考法　185
話し言葉　138
パワーポイント　154
ヒアリング　79
PERT 法　189
ビジネス倫理　7
ビジュアル化　155, 156
ビジョン　181
表計算ソフト　109
標本調査　91
ファジー　193
ファシリテーター　42
フェイス・シート　84
深い対話　15
複眼思考　170
複雑系思考　192
複数回答　89
付箋　53
フットワーク　191

部分読み　56
普遍主義　19
プライオリティー　175
フラクタル　193
プリテスト　85
ブレイン・ワーク　191
プレゼンテーション　147, 148
フレームワーク思考　176
ブレーン・ストーミング法　185
フローチャート　160
分散　105
　——分析　109
文末注　141
屁理屈　174
偏差　105
訪問面接調査　81
訪問留意調査　81
母集団　91
補助資料　150
ボディランゲージ　33
ボトルネック　189
ホロン　25

ま行

マインドマッピング法　190
マインド・マップ　160
マーケティング・リサーチ　79
マスコミ　38
マスター・プラン　119
マトリックス・チャート　161
ミッシ　174
ミディコミ　38
ミニコミ　38
虫の目　170
メディアミックス　10, 11
メモランダム　48
網羅性　143
黙従傾向　86
問題意識　130

問題解決　177
　——行動　177
　——能力　26
問題設定　178
問題発見　180
　——力　26
問題分析　178

や行

Yahoo!　73
郵送調査　82
ゆらぎ　193
要素還元主義　25
世論調査　79, 80

ら行

ランダム・サンプリング　91
利害関係者　6
リサーチ・クエスチョン　123
立体思考　170
リハーサル　150
量的実証　127
理論仮説　122
レイアウト　84
レジュメ　151
連想検索　69
ロジカル・シンキング　172
ロジックツリー　175
論証　127
論文　121
　——構成　132
論理一貫性　144
論理演算　66
論理的思考　172, 174
論理の飛躍　173

わ行

枠組み　132
ワーディング　84

著者紹介

根本　孝（ねもと　たかし）　第1・2・4・8～13章担当
　明治大学経営学部教授
　明治大学大学院経営学研究科博士後期課程単位取得
　国際経営論・人事管理・経営管理専攻
　『ラーニング組織の再生』同文舘，2005年
　『現代企業の自己革新』（分担執筆）学文社，1999年
　『実践経営の課題と経営教育』（分担執筆）学文社，1999年

上村　和申（かみむら　かずのぶ）　第3・5～7章担当
　常磐大学人間科学部兼任講師
　「大学就職部の役割とその変化」『大学生の就職と採用』中央経済社，2004年
　「大学生のキャリア形成に関する一考察」『政治学研究論集』第20号，
　　明治大学大学院政治経済学研究科，2004年
　「大学生の就職活動における両親の影響に関する一考察」『政治学研究論集』第21号，
　　明治大学大学院政治経済学研究科，2005年

マネジメント基本全集 別冊　経営の学び方
　　　　　　　　　　　　　マネジメントの学習と研究法

2006年2月25日　第一版第一刷発行

著　者	根本　孝 上村　和申
監修者	根本　孝 茂垣　広志
発行者	田中千津子

発行所　株式会社　学　文　社

〒153-0064　東京都目黒区下目黒3-6-1
　　　　　　電話(3715)1501代・振替00130-9-98842

（落丁・乱丁の場合は本社でお取替します）　・検印省略
（定価はカバーに表示してあります）　印刷/新灯印刷株式会社

©2006 NEMOTO Takashi & KAMIMURA Kazunobu　Printed in Japan　ISBN4-7620-1501-6